AF522907

RING OF FIRE

FLEISCH, BURGER & VEGETARISCHES

Leckere Rezepte vom preisgekrönten
Grillmeister Jannik Vinke

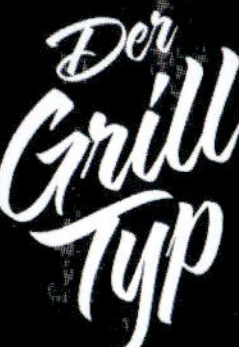

INHALTSVERZEICHNIS

FLEISCH

BURGER

FISCH UND MEERESFRÜCHTE

VEGETARISCH

SAUCEN UND DIPS

DESSERTS

TIPPS UND TRICKS

ÜBER DEN AUTOR

Jannik Vinke wurde am 21.04.1994 in Georgsmarienhütte geboren. Während seiner Ausbildung zum Industriemeister und anschließendem Studium entdeckte der gelernte Industriemechaniker seine Leidenschaft für das Kochen. Schon bald lernte er die Vorzüge eines Grills zu schätzen und kaufte sich 2016 seinen ersten eigenen Grill. Mit der Gründung seines erfolgreichen Instagram Blogs „dergrilltyp“ im Dezember 2017 kam das Interesse für die Fotografie hinzu. Im Oktober 2019 gewann Jannik Vinke dann den „BBQ Award 2019“.

VORWORT

Ein Steak in der Küche zu braten, funktioniert zwar, schmeckt auch super, macht aber eine Riesensauerei. Wenn man nicht gleich alles mit Zeitung auslegt, muss anschließend die halbe Küche renoviert werden.

Das muss auch anders gehen!

Der Außengrill ist da eine deutlich bessere Alternative. Vor allem kann man sich während der Aufheizphase schon mal ein Bierchen genehmigen. Ich habe eine Leidenschaft für das Grillen entwickelt und mir früh die erste Feuerplatte angeschafft. Bereits als Kind habe ich es geliebt, die Nächte am Lagerfeuer zu verbringen und Stockbrot zu grillen. Lebensmittel direkt am Feuer zuzubereiten, macht einfach unheimlich viel Spaß. Dabei wandert alles, was man nicht mehr braucht, in das große Feuerloch. Anschließend riecht man zwar selbst wie ein geräucherter Schinken, aber das ist spätestens nach dem nächsten Duschen wieder weg. Grillen auf der Feuerplatte ist einfach richtig genial!

Nur was soll auf die Platte? Die Frage stelle ich mir selbst auch ständig, also gibt's auf den nächsten Seiten eine leckere und bunte Auswahl meiner Lieblingsgerichte von der Feuerplatte. Die Gerichte können auch auf einer Plancha oder im absoluten Notfall in einer ganz normalen Pfanne zubereitet werden.

UMGANG MIT DER FEUERPLATTE

Bevor wir starten, sollen kurz die Grundlagen erklärt werden. Denn eine Feuerplatte kann nicht so einfach wie ein Elektroherd gesteuert werden. Je nachdem, wie dick eure Feuerplatte ist, kann das Aufheizen schon mal 30 Minuten dauern. Das sollte also unbedingt mit einkalkuliert werden. Meistens ist es beim Grillen an der Feuerplatte aber sowieso gesellig und entspannt und die Wartezeit lässt sich leicht überbrücken.

Bei den meisten Feuerplatten liegt auch nur ein gewisser Bereich direkt über der Flamme. Im Gegensatz zu anderen Feuerplatten kannst du bei den OFYR Grills das Feuer in dem vergleichsweise großen Feuerloch auf eine Seite verschieben und hast dadurch die Möglichkeit deine eigenen Temperaturzonen auf der rechten und linken Seite der Platte so einzurichten, wie es für das Rezept benötigt wird. In diesem Buch habe ich mich jedoch auf eine innere und eine äußere Zone konzentriert, damit die Rezepte auch mit anderen Feuerringen umgesetzt werden können. Im untenstehenden Bild habe ich diesen als „Zone 1" markiert. Er wird besonders heiß und ausschließlich über die hinzugefügte Brennstoffmenge erhitzt. Denn ein großes Feuer ist sehr heiß, ein kleineres erreicht dagegen eine nicht ganz so hohe Hitze. Ok, das hat wahrscheinlich jeder schon vorher gewusst, aber jetzt haben wir das noch mal geklärt. Spätestens wenn die Patina verbrennt, sollte man beim Holznachlegen übrigens einen Gang runterschalten.

Die Stahlplatte leitet die Wärme hervorragend nach außen weiter. Dabei nimmt die Temperatur bis zum Außenrand immer weiter ab. Diesen äußeren Bereich habe ich unten im Bild mit „Zone 2" markiert.

Auf der Platte kann man also schön mit der Temperatur spielen. Wird das Essen zu schnell dunkel, schiebt man es einfach etwas weiter nach außen. Oder man reduziert das Feuer ein wenig. Nach den ersten Grillabenden an der Platte bekommt man schnell ein Gefühl dafür.

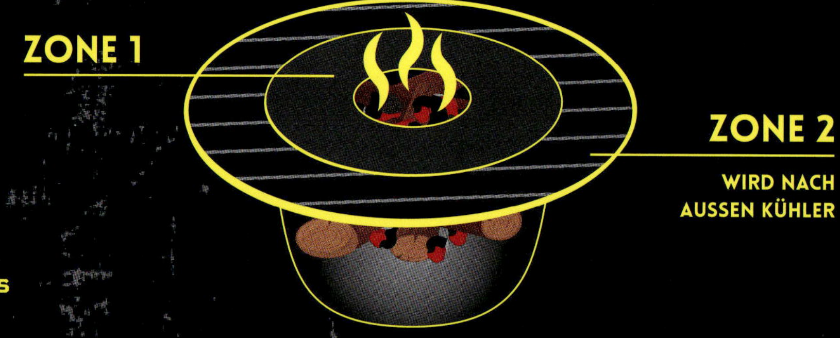

LOS GEHT'S

DAS EINBRENNEN

Die Feuerplatte muss, bevor sie das erste Mal genutzt wird, eingebrannt werden. Dafür eignet sich Pflanzenöl. Zunächst heizt man die Feuerplatte bei hoher Hitze auf und bestreicht sie anschließend mit dem Öl. Dabei verbrennt das Öl und hinterlässt eine schützende Schicht auf dem Metall. So entsteht die schützende Patina. Der Vorgang sollte mehrmals wiederholt werden. Zwischendurch wischt man die Platte immer mit einem Küchentuch ab. Sobald dieses nicht mehr schmutzig wird, ist der Einbrennvorgang beendet.
Falls die Patina durch zu hohe Hitze beschädigt wird, kann der Einbrennvorgang einfach wiederholt werden. Aber je öfter man die Platte benutzt, desto widerstandsfähiger wird die Patina.

DAS WERKZEUG

Bei mir hat alles mit einer rostfreien Maurerkelle aus dem Baumarkt angefangen. Damit kann man das Grillgut hervorragend wenden. Alternativ geht es auch mit einem Spachtel aus Edelstahl, Metallpfannenwender oder einfach einer Grillzange. Der Kreativität sind hier keine Grenzen gesetzt.

DIE KANNE

Ein kleines Ölkännchen mit Pflanzenöl sollte immer griffbereit an der Platte stehen. Denn es wird für fast jedes Gericht verwendet.

DAS KÜHLMITTEL

An der Platte kann es schnell sehr warm werden. Da wo es warm wird, muss man viel trinken. Also nicht vergessen, das Bier kalt zu stellen.

FLEISCH

ENTRECOTE MIT GEBRATENEM SPECK UND GEMÜSE

ZUTATEN FÜR 2 PORTIONEN

400 g Entrecôte

→ LIEBER EIN GROẞES STÜCK ZUBEREITEN UND ZUM SERVIEREN ZERTEILEN.

Salz (am besten eignen sich Salzflocken)

ZUTATEN FÜR DIE BEILAGEN

200 g Rosenkohl
200 g Brokkoliröschen
Pflanzenöl
200 g grüne Bohnen, geputzt
125 g Speckwürfel
Pfeffer, Salz

ZUBEREITUNG

1. Das Steak abtupfen und mit Salz bestreuen.
2. Das Gemüse waschen. Den Rosenkohl halbieren und den Brokkoli in mundgerechte Häppchen schneiden.
3. Die Feuerplatte auf hohe Hitze vorheizen und das Pflanzenöl draufgeben. Die Speckwürfel in dem äußeren Bereich der Platte kurz anbraten und anschließend das Gemüse damit vermengen. Immer wieder wenden.
4. Gleichzeitig das Steak am inneren, sehr heißen Teil der Platte 2 Minuten auf jeder Seite anbraten und anschließend im äußeren Bereich der Platte bis zum gewünschten Gargrad ziehen lassen. Für mich wäre das ein saftiges Medium-rare mit einer Kerntemperatur von 53°C Grad. Das ist aber jedem selbst überlassen.
5. Das Steak vor dem Anschneiden noch 2 Minuten ziehen lassen.
6. Zusammen mit dem Speck und Gemüse sowie frisch gemahlenem Pfeffer servieren.

FLAT-IRON-STEAK MIT ERDBEER-SPARGEL-SALAT

ZUBEREITUNG

1. Den grünen Spargel waschen und wenn nötig die holzigen Enden abschneiden. Anschließend den Spargel in mundgerechte, ca. 2 cm große Stücke schneiden.
2. Die Feuerplatte auf mittlere Hitze aufheizen und den Spargel für ca. 5 Minuten mit etwas Öl, Pfeffer und Salz anbraten.
3. Die Pinienkerne auf einem nicht eingeölten Bereich kurz anrösten.
4. In der Zwischenzeit die Erdbeeren waschen, vom Strunk befreien und vierteln.
5. Das Olivenöl mit dem Balsamico zu einer Vinaigrette verrühren.
6. Den Spargel direkt von der Platte in die Schüssel mit der Vinaigrette geben. Den Spinat waschen, verlesen und mit den Erdbeeren und Pinienkernen hinzufügen und alles durchrühren. Den Feta darüberbröseln und den Salat zum Durchziehen beiseitestellen.
7. Die Feuerplatte auf hohe Hitze aufheizen, das Steak von beiden Seiten leicht salzen und ca. 3 Minuten von beiden Seiten scharf anbraten.

→ EINE KERNTEMPERATUR VON 55 °C IST HIER OPTIMAL.

8. Das Steak vor dem Anschneiden noch 2 Minuten ruhen lassen und dann mit frisch gemahlenem Pfeffer und dem Salat servieren.

ZUTATEN FÜR 4 PORTIONEN

1 Flat-Iron-Steak (ca. 650 g)
Salz

FÜR DEN SALAT

350 g grüner Spargel
Pflanzenöl
50 g Pinienkerne
200 g Erdbeeren
5 EL gutes Olivenöl
3 EL Balsamico-Essig
100 g Babyspinat
125 g Fetakäse
Salz, Pfeffer

FLANK LOLLY

ZUTATEN FÜR 4 PORTIONEN

1 Flank Steak (800 g)
2 EL Senf
150 g frischer Blattspinat
10 Scheiben Bacon
2 EL eingelegte Jalapeño-Scheiben
200 g Käse (am besten Cheddar-Scheiben)
Salz, Pfeffer
Holzspieße
Pflanzenöl

→ DAZU PASST PRIMA DIE STEAKSAUCE VON SEITE 114.

ZUBEREITUNG

1. Das Flank Steak mit einem Schmetterlingsschnitt aufschneiden und anschließend mit Senf bestreichen.
2. Den Spinat waschen und verlesen und mit dem Bacon, den Jalapeño-Scheiben und dem Käse gleichmäßig auf dem Fleisch verteilen. Mit Salz und Pfeffer würzen.
3. Das Fleisch von der langen Seite aus aufrollen. Alle 3 cm einen Holzspieß hineinstechen und das Fleisch mit einem scharfen Messer in gleichmäßige Scheiben schneiden.
4. Die Feuerplatte auf hohe Hitze aufheizen und die Steak Lollys mit der Schnittfläche in die vordere, heiße Zone legen. Von jeder Seite 3 Minuten scharf anbraten.
5. Noch einmal 2 Minuten im mittleren, weniger heißen Bereich ruhen lassen und dann servieren.

SALTIMBOCCA-SPIESSE

ZUTATEN FÜR 4 PORTIONEN

6 Kalbsschnitzel (à 150 g)
25 Salbeiblätter
6 Scheiben Parmaschinken
1 Bio-Zitrone
2 EL Olivenöl
Pfeffer
Holzspieße

ZUBEREITUNG

1. Die Schnitzel platt klopfen und die Salbeiblätter darauf verteilen. Jeweils eine Scheibe Parmaschinken auf ein Schnitzel legen und leicht andrücken.
2. Jetzt die Schnitzel der Länge nach in ca. 4 cm breite Streifen schneiden und wellenförmig auf die Holzspieße stecken.
3. Die Zitrone heiß abwaschen und die Schale abreiben. Die Zitrone achteln und beiseitelegen. Die Zitronenschale mit dem Olivenöl verrühren und die Schnitzelspieße damit bestreichen.
4. Die Feuerplatte auf hohe Hitze aufheizen und die Spieße auf jeder Seite 90 Sekunden anbraten.
5. Zum Servieren mit frisch gemahlenem Pfeffer würzen und mit den Zitronenstücken garnieren.

PICANHA

ZUTATEN FÜR 6 PORTIONEN

1 Stück Picanha (ca. 1,2 kg)
Salzflocken
Metallspieße

ZUBEREITUNG

1. Das Picanha im 90°-Winkel zu den Fasern in dicke Scheiben schneiden und mit reichlich Salzflocken bestreuen.
2. Anschließend durch die Fettschicht aufspießen.
3. Die Feuerplatte auf hohe Hitze aufheizen und die Fleischspieße direkt über das Feuer hängen. Falls dies nicht möglich ist, auf den inneren, heißen Bereich der Platte legen.
4. Zum Servieren, immer nur die äußere Kruste abschneiden.

→ **DAZU PASST HERVORRAGEND DAS CHIMICHURRI VON SEITE 116.**

ASIA-NUDELN MIT HÜHNCHEN

ZUTATEN FÜR 6 PORTIONEN

400 g chinesische Nudeln
Salz
600 g Hähnchenbrustfilet
Pfeffer
Paprikapulver
2 Knoblauchzehen
1 daumengroßes Stück Ingwer
8 Champignons
2 Möhren
1 rote Paprikaschote
125 g Zuckerschoten
2 Chilischoten
50 g frische Sojasprossen
80 ml Sojasauce
50 ml Pflanzenöl
5 Frühlingszwiebeln
4 EL Röstzwiebeln
Sriracha-Sauce, nach Belieben

ZUBEREITUNG

1. Die Nudeln nach Packungsangabe in Salzwasser kochen, abgießen und beiseitestellen.
2. Das Filet in mundgerechte Würfel schneiden und mit Pfeffer, Salz und Paprikapulver würzen.
3. Den Knoblauch und den Ingwer schälen und fein hacken. Das restliche Gemüse bis auf die Frühlingszwiebeln waschen, gegebenenfalls schälen und putzen und in mundgerechte Stücke schneiden.
4. Die Feuerplatte auf mittlere Hitze aufheizen. Das Fleisch auflegen und sofort mit etwas Sojasauce übergießen. Immer wieder wenden.
5. Anschließend das Gemüse mit 1 Esslöffel Öl mischen und auf der Feuerplatte verteilen und immer wieder wenden.
6. Zuletzt die Nudeln mit 3 Esslöffeln Öl auf die Feuerplatte geben, mit Sojasauce vermengen und kurz anbraten lassen.
7. Zum Schluss alles mischen und mit Sojasauce abschmecken.
8. Die Frühlingszwiebeln waschen, in Ringe schneiden und mit den Röstzwiebeln darüberstreuen. Wer es etwas schärfer mag, kann noch einen Spritzer Sriracha-Sauce hinzufügen.

BUFFALO CHICKEN

ZUTATEN FÜR 5 PORTIONEN

4 Stangen Staudensellerie
4 Möhren
200 g Frischkäse
150 g geriebener Cheddarkäse
5 Hähnchenbrustfilets
Pflanzenöl
150 ml Buffalo-Sauce (alternativ eine andere Hot Sauce)

FÜR DEN BLUECHEESE-DIP

150 g Blauschimmelkäse
2 EL Mayonnaise
5 EL Schmand
2 EL Milch
2 TL Weißweinessig
¼ TL Zucker
Salz, Pfeffer
Knoblauchpulver

GEWÜRZMISCHUNG

1 EL gehackte Petersilienblätter
1 TL gehackte Dillspitzen
1 TL gehackter Schnittlauch
½ TL Knoblauchpulver
½ TL Zwiebelpulver
½ TL Salz

ZUBEREITUNG

1. Zuerst den Dip zubereiten. Dafür den Käse in einer Schüssel zerkleinern, mit den anderen Zutaten verrühren und mit Salz, Pfeffer und Knoblauchpulver abschmecken. Bis zum Servieren kühl stellen.
2. Den Sellerie waschen und putzen, die Möhren bei Bedarf schälen und beides in ca. 8 cm lange Stücke schneiden.
3. Die Zutaten für die Gewürzmischung mit dem Frischkäse und dem geriebenen Cheddarkäse verrühren.
4. Die Hähnchenbrustfilets mit einem Schmetterlingsschnitt aufschneiden und von innen mit Pfeffer würzen.
5. Das Fleisch je nach Größe mit ca. 1 bis 2 Esslöffeln Käsemischung füllen und wieder zuklappen.
6. Die Feuerplatte auf mittlere Hitze aufheizen. Etwas Öl auf die Platte geben und die Hähnchen ca. 5 Minuten von beiden Seiten anbraten. Falls es noch nicht durch sein sollte, zum Nachgaren in den weniger heißen, äußeren Bereich der Platte legen.
7. Zum Servieren mit etwas Buffalo-Sauce begießen. Dazu den Bluecheese-Dip, die Möhren und den Sellerie reichen.

POLLO FINO MIT SOMMERSALAT

ZUTATEN FÜR 4 PORTIONEN

4 ausgebeinte Hähnchenschenkel
2 EL Hähnchengewürz

FÜR DEN SALAT

400 g Feldsalat
150 g braune Champignons
150 g Radieschen
150 g Cherry-Tomaten
150 g Fetakäse in Würfeln

FÜR DAS DRESSING

3 EL Himbeeressig
3 EL Olivenöl
1 ½ TL Senf (am besten Dijonsenf)
4 TL Honig
Salz, Pfeffer

ZUBEREITUNG

1. Das Hähnchengewürz gleichmäßig auf dem Pollo fino verteilen und kurz marinieren lassen.
2. In der Zwischenzeit den Feldsalat waschen und putzen, die Champignons, Radieschen und Cherry-Tomaten waschen, in Scheiben schneiden und in eine Schüssel geben.
3. Das Dressing anrühren und beiseitestellen.
4. Die Chipotle-Mayonnaise wie auf Seite 112 beschrieben zubereiten.
5. Die Feuerplatte auf mittlere Hitze aufheizen und die Hähnchenschenkel mit der Hautseite für 5 Minuten auf die Platte legen.
6. In der Zwischenzeit das Dressing über den Salat geben und umrühren.
7. Die Hähnchenschenkel wenden und weitere 5 Minuten auf der anderen Seite braten.
8. Zusammen mit der Chipotle-Mayo servieren und den Salat mit den Feta-Würfeln garnieren.

→ DAZU PASST AUCH HERVORRAGEND DER LAUWARME SPARGELSALAT VON SEITE 90 UND DIE CHIPOTLE-MAYONNAISE VON SEITE 112.

2015

LAMMKARREE MIT CHAMPIGNONS

ZUTATEN FÜR 4 PORTIONEN

800 g Lammkarree (ca. 2 Stück)
Pflanzenöl
400 g braune Champions
Salz, Pfeffer

FÜR DIE MARINADE

1 EL frische gehackte Minzeblätter
1 EL frische gehackte Rosmarinnadeln
1 TL frische gehackte Thymianblättchen
1 TL frische gehackte Korianderblätter
2 geschälte und gehackte Knoblauchzehen
80 ml Olivenöl

ZUBEREITUNG

1. Die Kräuter für die Marinade mit dem Knoblauch und dem Olivenöl vermischen.
2. Das Lammkarree mit der Marinade bestreichen und mindestens 2 Stunden kühl stellen.
3. Die Pilze putzen und in mundgerechte Stücke schneiden.
4. Die Feuerplatte anheizen und das Lamm und die Pilze mit etwas Öl auf die heiße Zone der Platte geben. Die Pilze 4 Minuten lang grillen und dabei immer wieder wenden, anschließend in den mittleren Bereich der Platte ziehen und gelegentlich wenden.
5. Das Lammkarree nach 4 Minuten wenden und weitere 4 Minuten grillen.
6. Wenn sich eine schöne Kruste gebildet hat, das Fleisch weitere 10 Minuten (oder bis es eine Kerntemperatur von 61 °C hat) im mittleren Bereich nachgaren.
7. Dann die Pilze und das Lammkarree mit frisch gemahlenem Pfeffer und etwas Salz würzen und servieren.

→ **DAZU PASST PRIMA DIE STEAKSAUCE VON SEITE 114.**

LAMMLACHSE MIT BLUMENKOHLPÜREE

ZUTATEN FÜR 4 PORTIONEN

2 Knoblauchzehen
1 TL frische gehackte Rosmarinnadeln
1 TL frischer Oregano
1 TL frischer Thymian
1 TL Paprikapulver
3 EL gutes Olivenöl
4 Lammlachsen
1 Blumenkohl
1 EL Butter
100 ml Milch
Pfeffer, Salz
¼ TL geriebene Muskatnuss

FÜR DEN SALAT

1 Orange
150 g Feldsalat
80 g Walnusskerne

FÜR DIE VINAIGRETTE

1 Orange
100 ml Olivenöl
50 ml heller Balsamico-Essig
1 ½ EL Honig
1 TL Senf
Salz, Pfeffer

ZUBEREITUNG

1. Zuerst die Vinaigrette vorbereiten. Dafür die Orange auspressen und den Saft mit den restlichen Zutaten vermengen und beiseitestellen.
2. Die Knoblauchzehen pellen, fein hacken. Mit den Kräutern, dem Olivenöl und Paprikapulver vermischen. Die Lammlachse mit dieser Marinade bestreichen und mindestens 60 Minuten im Kühlschrank marinieren.
3. In der Zwischenzeit den Blumenkohl waschen und klein schneiden. Anschließend auf der vorgeheizten Feuerplatte bei mittlerer Hitze mit etwas Butter anbraten, sodass er möglichst viele Röstaromen bekommt. Sobald er gar ist, von der Platte nehmen. Mit der Milch und einem Pürierstab oder Stampfer zu einem groben Püree verarbeiten. Mit Pfeffer, Salz und Muskatnuss abschmecken und auf dem hinteren Bereich der Feuerplatte warmhalten.
4. Dann den Salat zubereiten. Dafür die Orange schälen und filetieren und zusammen mit dem geputzten Feldsalat, den ganzen Walnüssen und der Vinaigrette in eine Schüssel geben.
5. Jetzt die Lammlachse 2 Minuten von jeder Seite in der heißen Zone scharf anbraten.
6. Zusammen mit dem Püree und dem Salat servieren und mit frisch gemahlenem Pfeffer würzen.

KNUSPRIGER SCHWEINEBAUCH MIT SÜSSKARTOFFELN UND GEFÜLLTER AVOCADO

ZUBEREITUNG

1. Den Schweinebauch in 3 gleich große Scheiben schneiden und mit Bratengewürz würzen.
2. Die Schwarte einritzen, in ein Salzbett legen und mindestens 30 Minuten darin ruhen lassen.
3. Für die Avocadofüllung gehackten Knoblauch und Petersilie mit Olivenöl vermengen, Tomaten würfeln und alles mit Salz und Limettensaft abschmecken. Die Avocados halbieren und die Schnittfläche mit Limettensaft beträufeln.
4. Die Süßkartoffel schälen und in etwa 8 mm dicke Scheiben schneiden.
6. Die Süßkartoffelschreiben ungefähr 25 Minuten auf mittlerer Hitze grillen. Dann den Schweinebauch mit der Schwartenseite zum Feuer legen und 6 Minuten anbraten. Falls die Kruste noch nicht aufgepoppt ist, den Bauch auf einen Holzscheit legen und weitergaren.
8. Vor dem Servieren noch die Avocadohälften 4 Minuten auf der Schnittfläche anbraten und mit den gewürfelten Tomaten füllen.

ZUTATEN FÜR 6 PORTIONEN

1 kg Schweinebauch ohne Knochen
1 ½ EL Bratengewürz
Salz

FÜR DIE BEILAGEN

2 Süßkartoffeln (ca. 800 g)
3 Tomaten
1 Knoblauchzehe
1 EL frische gehackte Petersilienblätter
Saft von 1 Limette
Salz
3 Avocados
Olivenöl
Rapsöl

GYROS MIT PITABROT

ZUTATEN FÜR 6 PORTIONEN

3 Schweineschnitzel à 125g
200 g Schweinenacken
2 Knoblauchzehen
2 Zwiebeln
4 EL Gyrosgewürz
150 g griechischer Joghurt
100 ml Pflanzenöl

FÜR DAS PITABROT

500 g Weizenmehl (Type 405)
30 g frische Hefe
2 TL Zucker
300 ml lauwarmes Wasser
1 ½ TL grobes Salz
5 EL Olivenöl + etwas zum Bestreichen
500 g Tzatziki
500 g Krautsalat

ZUBEREITUNG

1. Die Schnitzel und den Schweinenacken in gleichmäßige Streifen schneiden. Den Knoblauch pellen und fein würfeln, die Zwiebeln schälen und in dünne Ringe schneiden. Alles zusammen mit dem Gyrosgewürz, dem Joghurt und dem Öl in eine Schüssel geben, kurz durchkneten und anschließend mindestens 2 Stunden marinieren lassen.
2. In der Zwischenzeit den Brotteig vorbereiten. Dafür das Mehl in eine Schüssel geben und eine kleine Mulde hineindrücken. Die Hefe in die Mulde bröseln, mit dem Zucker bestreuen und etwas Wasser hinzufügen. 10 Minuten ruhen lassen.
3. Dann das restliche Wasser, das Salz und das Olivenöl dazugeben und alles zu einem glatten Teig verkneten. Diesen abgedeckt ca. 1 Stunde gehen lassen.
4. Anschließend den Teig in 6 Teiglinge von je ca. 130 g formen und diese rund, auf ca. 0,5 cm Stärke ausrollen. Dünn mit Olivenöl bestreichen.
5. Die Feuerplatte auf mittlere Hitze vorheizen und das Fleisch darauf ca. 10 Minuten anbraten, dabei immer wieder wenden. Gleichzeitig die Pitateiglinge auflegen, nach 3 Minuten einmal wenden und auf der anderen Seite fertig backen.
6. Die Brote zu Teigtaschen aufschneiden und mit dem Fleisch, dem Tzatziki und dem Krautsalat füllen.

SCHWEINEFILET MIT GEGRILLTEN SALATHERZEN

ZUTATEN FÜR 5 PORTIONEN

- 1 kg Schweinefilet
- 3 EL Barbecue-Gewürz für Schweinefleisch (Tipp: Cajun Rub)
- 5 EL Barbecue-Sauce

FÜR DIE SALATHERZEN

- 5 Salatherzen
- 2 TL brauner Zucker
- 2 TL Salz
- 150 g Parmesan
- 2 EL Honig
- Pfeffer, Salz

ZUBEREITUNG

1. Das Schweinefilet mit einem Schmetterlingsschnitt in der Mitte auf-, aber nicht durchschneiden und anschließend leicht platt klopfen.
2. Das Barbecue-Gewürz gleichmäßig auf dem Filet verteilen und ca. 10 Minuten einziehen lassen.
3. In der Zwischenzeit die Salatherzen der Länge nach mittig halbieren, waschen und gleichmäßig mit dem Zucker und Salz bestreuen.
4. Die Feuerplatte auf mittlerer Hitze vorheizen und das Filet auf dem heißen, inneren Bereich auf jeder Seite 2 Minuten anbraten. Anschließend in den weniger heißen, mittleren Bereich legen, mit der Barbecue-Sauce bestreichen und weitere 5 Minuten braten lassen.
5. Die Salatherzen im mittleren Bereich zusammen mit einem Schuss Öl mit der Schnittseite auf die Feuerplatte legen. Nach ca. 2 Minuten einmal wenden und etwas Parmesan darüber hobeln.
6. Zum Servieren das Schweinefilet aufschneiden und die Salatherzen mit Honig, etwas gehobeltem Parmesan und frisch gemahlenem Pfeffer garnieren.

IBERICO MIT MANGO-CARPACCIO

ZUTATEN FÜR 4 PORTIONEN

4 getrocknete Tomaten
4 EL Chimichurri (Rezept siehe S. 116)
Zeste von 1 Bio-Zitrone
800 g Iberico Lomo (Lachsrücken)

FÜR DAS MANGO-CARPACCIO

1 Chilischote
1 ½ EL gutes Olivenöl
3 EL Himbeeressig
2 EL Honig
2 reife Mangos
2 Kugeln Mozzarella
1 rote Zwiebel
2 EL frische gehackte Korianderblätter
Salz, Pfeffer

ZUBEREITUNG

1. Für das Carpaccio-Dressing die Chilischote waschen, putzen, in feine Würfel schneiden und mit dem Olivenöl, Himbeeressig und Honig verrühren. Bis zum Servieren beiseitestellen.
2. Die getrockneten Tomaten in Streifen schneiden und in den Chimichurri geben. Etwas Zitronenzeste dazugeben und die Mischung bis zum Servieren kalt stellen.
3. Die Mangos schälen, halbieren und in Scheiben schneiden. Ebenso den Mozzarella in Scheiben schneiden. Die rote Zwiebel schälen und in sehr dünne Ringe schneiden.
4. Die Feuerpatte für hohe Hitze aufheizen. Das Fleisch von allen Seiten kurz und scharf in der inneren, heißen Zone anbraten. Anschließend zum Nachgaren in den etwas weniger heißen Bereich legen und nachziehen lassen, bis es ca. 58 °C Kerntemperatur hat.

→ **GUTES SCHWEINEFLEISCH DARF RUHIG MEDIUM VERZEHRT WERDEN.**

5. Zum Anrichten das Fleisch aufschneiden und mit dem verfeinerten Chimichurri garnieren. Jede Mangoscheibe mit einer Scheibe Mozzarella belegen. Das Dressing darübergießen und mit Pfeffer, Salz, Koriander und den Zwiebelringen bestreuen.

BURGER

CHAMPIGNON-BURGER

ZUTATEN FÜR 5 PORTIONEN

5 Burger Buns
(Rezept siehe S. 64)
etwas Butter
250 g Champignons
1 kg Rinderhackfleisch
10 Scheiben Bacon
Salz, Pfeffer
10 Scheiben Käse (Tipp: würziger Cheddar)
150 g Feldsalat, gewaschen und geputzt
5 TL Raita (indischer Minzdip)
50 ml Sriracha-Sauce

FÜR DIE RAITA

¼ Gurke
250 g griechischer Joghurt
½ Limette
1 EL gehackte frische Korianderblätter
1 EL gehackte frische Minzeblätter
1 gehackte Knoblauchzehe
1 TL frisch geriebener Ingwer
½ TL Garam Masala

ZUBEREITUNG

1. Zuerst die Raita vorbereiten. Hierfür die Gurke schälen, entkernen, fein reiben und anschließend etwas ausdrücken.
2. Den griechischen Joghurt mit dem Saft der halben Limette, der geriebenen Gurke und den restlichen Zutaten vermengen.
3. Die Burger Buns in der Mitte durchschneiden und die Schnittflächen mit Butter bestreichen. Die Champignons putzen und in Scheiben schneiden.
4. Das Rinderhackfleisch kurz mit der Hand durchkneten und daraus 5 Patties von je ca. 200 g formen.
5. Die Feuerplatte auf hohe Hitze aufheizen. Auf dem etwas weniger heißen, mittleren Bereich der Platte die Brötchen antoasten und den Bacon knusprig braten. Sobald das Fett austritt, die Pilzscheiben darin anbraten.
6. Die Pilze am äußeren, weniger heißen Bereich in 5 Portionen anhäufen. Jeweils zwei Scheiben knusprigen Bacon darauflegen und mit einer Käsescheibe zudecken.
7. Die Fleischpatties auf den heißen Bereich der Feuerplatte legen und wenden, sobald der Fleischsaft oben austritt. Anschließend mit Pfeffer und Salz würzen und jeweils eine Käsescheibe auflegen. Weitere 2 Minuten braten, bzw. bis der Käse geschmolzen ist.
8. Jetzt den Burger wie auf dem Foto zusammensetzen.

SAFTIGE BACON-CHEESEBURGER

ZUTATEN FÜR 5 PORTIONEN

2 Zwiebeln
5 Burger Buns
(Rezept siehe S. 64)
etwas Butter
1 kg Rinderhackfleisch
20 Scheiben Bacon
Salz, Pfeffer
10 Scheiben Käse
5 TL Senf (Dijon Senf)
5 EL Ketchup
1 Glas Gewürzgurken

ZUBEREITUNG

1. Die Zwiebeln schälen, würfeln und beiseitestellen.
2. Die Burger Buns in der Mitte durchschneiden und die Schnittflächen mit Butter bestreichen.
3. Das Rinderhackfleisch kurz mit der Hand durchkneten und daraus 10 Patties von je ca. 100 g formen.
4. Die Feuerplatte auf hohe Hitze aufheizen. Auf dem etwas weniger heißen, mittleren Bereich der Platte die Brötchen antoasten und den Bacon knusprig braten.
5. Die Fleischpatties auf den heißen Bereich legen und wenden, sobald der Fleischsaft oben austritt. Direkt nach dem Wenden mit Pfeffer und Salz würzen, jeweils die Käsescheibe und dann zwei Scheiben Bacon auflegen. Weitere 90 Sekunden braten, bzw. bis der Käse geschmolzen ist.
6. Jetzt den Burger zusammensetzen. Die Unterseite mit jeweils 1 Teelöffel Senf und 1 Esslöffel Ketchup bestreichen. Ungefähr 1 Teelöffel Zwiebelwürfel, dann zwei überbackene Fleischpatties und anschließend noch etwas Senf, Ketchup und ein paar Gurkenscheiben daraufgeben. Zum Schluss den Deckel auflegen.

SUCUK-BURGER

ZUTATEN FÜR 5 PORTIONEN

5 EL Mayonnaise
1 EL Sriracha-Sauce
500 g Sucuk (türkische Knoblauchwurst)
400 g Hirtenkäse (türkischer Weißkäse)
250 g türkische Peperoni
5 Burger Buns (Rezept siehe S. 64)
etwas Butter
1 kg Rinderhackfleich
Salz, Pfeffer
150 g Feldsalat, gewaschen und geputzt

ZUBEREITUNG

1. Als Erstes 5 Esslöffel Mayonnaise mit 1 Esslöffel Sriracha-Sauce verrühren.
2. Die Würste pellen und in Scheiben schneiden. Den Weißkäse und die Peperoni ebenfalls in Scheiben schneiden.
3. Die Burger Buns in der Mitte durchschneiden und die Schnittflächen mit Butter bestreichen.
4. Das Rinderhackfleisch kurz mit der Hand durchkneten und daraus 5 Patties von je ca. 200 g formen.
5. Die Feuerplatte auf hohe Hitze aufheizen. Auf dem weniger heißen, mittleren Bereich der Platte die Brötchen antoasten und die Wurst zusammen mit den Peperoni anbraten. Immer wieder wenden, bis die Wurst schön knusprig ist.
6. Gleichzeitig die Patties auf den heißen Bereich legen und wenden, sobald der Fleischsaft oben austritt. Direkt nach dem Wenden mit Pfeffer und Salz würzen und großzügig mit dem Käse belegen. Weitere 2 Minuten braten, bzw. bis der Käse geschmolzen ist.
7. Dann die Burger zusammensetzen. Die Unterseite jeweils mit 1 Esslöffel Sriracha-Mayo bestreichen. Dann nacheinander ein paar Blätter Feldsalat, das überbackene Fleischpatty und zum Schluss die gebratenen Peperoni und Würste drauflegen. Als Topping noch etwas Sriracha-Sauce hinzufügen und den Deckel auflegen.

SLOPPY JOE BURGER

ZUTATEN FÜR 5 PORTIONEN

2 rote Zwiebeln
2 Knoblauchzehen
1 gelbe Paprikaschote
1 grüne Paprikaschote
1 EL Butter + etwas zum Bestreichen
600 g Rinderhackfleisch
1 Dose gehackte Tomaten (ca. 400 g)
100 ml Tomatenketchup
2 EL Worcester Sauce
2 EL brauner Zucker
2 TL Senf
10 Scheiben Käse
Salz, Pfeffer
5 Burger Buns (Rezept siehe S. 64)
3 Gewürzgurken
5 EL Burgersauce (Rezept siehe S. 54)

FÜR DIE MARINIERTEN ZWIEBELN

6 EL Apfelessig
6 EL Wasser
1 TL Zucker
1 TL Salz
2 rote Zwiebeln

ZUBEREITUNG

1. Zunächst die marinierten Zwiebeln zubereiten. Dafür den Apfelessig mit dem Wasser vermischen und den Zucker und das Salz darin auflösen. Die Zwiebeln pellen, in dünne Ringe schneiden, in die Flüssigkeit legen und gut durchrühren. Mindestens 30 Minuten marinieren lassen.
2. Für die Burger die Zwiebeln und Knoblauchzehen pellen, die Paprikaschoten waschen und entkernen. Alles würfeln.
3. Die Feuerplatte auf mittlere Hitze vorheizen, die Butter daraufgeben und die Zwiebelwürfel, den Knoblauch, die Paprikawürfel und das Hackfleisch anbraten, bis sich Röstaromen gebildet haben.
4. Dann die Dosentomaten, den Ketchup, die Worcester Sauce, den Zucker und Senf dazugeben. Alles wenden, bis eine gleichmäßige Masse entsteht. Jetzt noch 5 Käsescheiben dazugeben und in der Masse schmelzen lassen. Großzügig mit Pfeffer und Salz würzen und ein paar Minuten weiterbraten lassen.
5. In der Zwischenzeit die Burger Buns in der Mitte durchschneiden und die Schnittflächen mit Butter bestreichen. Dann zum Antoasten auf die Platte legen.
6. Anschließend die Burger wie auf dem Foto zusammensetzen.

SMASHED BURGER

ZUBEREITUNG

1. Für die Burgersauce die Zwiebel pellen und ebenso wie die Gewürzgurke fein würfeln. Dann mit den restlichen Zutaten für die Sauce vermischen und mit Pfeffer und Salz abschmecken. Kühl stellen, bis der Burger zusammengesetzt wird.
2. Die Burger Buns in der Mitte durchschneiden und die Schnittflächen mit Butter bestreichen. Die Tomaten waschen und in Scheiben schneiden.
3. Aus dem Rinderhackfleich mit der Hand 10 Bällchen von jeweils ca. 80 g formen, das Fleisch dabei nicht pressen oder kneten, damit es schön locker bleibt.
4. Die Feuerplatte auf hohe Hitze vorheizen. Auf dem etwas weniger heißen, mittleren Bereich die Brötchen antoasten und den Bacon knusprig braten.
5. Anschließend die Hackfleischbällchen auf den heißen Bereich der Feuerplatte legen und mit einer Kelle o. Ä. platt drücken. Sobald der Fleischsaft oben austritt, die Patties am besten mit einem Spachtel wenden, damit die leckere Kruste nicht an der Feuerplatte haften bleibt. Direkt nach dem Wenden mit Pfeffer und Salz würzen und jeweils 1 Käsescheibe auflegen. Weitere 60 Sekunden braten, bzw. bis der Käse geschmolzen ist.
6. Anschließend die Burger zusammensetzen. Dafür jeweils die untere Brötchenhälfte mit Burgersauce bestreichen. Dann ein paar Salatblätter und 2 überbackene Fleischpatties darauflegen, nach Belieben auch mehrere. Zuletzt Tomatenscheiben und einen großen Klecks Burgersauce hinzufügen.

ZUTATEN FÜR 5 PORTIONEN

2 Tomaten
800 g Rinderhackfleisch
5 Burger Buns (Rezept siehe S. 64)
10 Scheiben Bacon
10 Scheiben Käse
½ Salatkopf, gewaschen
etwas Butter

→ **LOLLO ROSSO EIGNET SICH ALS SALAT BESONDERS GUT.**

FÜR DIE BURGERSAUCE

1 kleine Zwiebel
1 Gewürzgurke
3 EL Mayonnaise
2 EL Ketchup
1 EL Senf
Salz, Pfeffer

BURGER MIT TOMATENSALSA

ZUTATEN FÜR 5 PORTIONEN

5 Burger Buns (Rezept siehe S. 64)
etwas Butter
1 kg Rinderhackfleisch
10 Scheiben Bacon
5 Scheiben Käse (Tipp: Vintage Cheddar)
5 TL Mayonnaise
150 g Rucola
Barbecue-Sauce
Salz, Pfeffer

FÜR DIE TOMATENSALSA

3 Tomaten
2 rote Zwiebeln
1 Knoblauchzehe
Zucker
6 Scheiben Jalapeños aus dem Glas
2 EL frische gehackte Petersilienblätter
Salz, Pfeffer
Saft von 1 Limette

ZUBEREITUNG

1. Zuerst die Tomatensalsa zubereiten, damit sie noch etwas durchziehen kann. Dafür die Tomaten waschen, die Zwiebeln und den Knoblauch pellen und alles in kleine Würfel schneiden. Eine Prise Zucker darübergeben und zusammen mit der Petersilie unterrühren. Mit Salz, Pfeffer und Limettensaft abschmecken.
2. Die Burger Buns in der Mitte durchschneiden und die Schnittflächen mit Butter bestreichen.
3. Das Rinderhackfleisch kurz mit der Hand durchkneten und daraus 5 Patties von jeweils ca. 200 g formen.
4. Die Feuerplatte auf hohe Hitze vorheizen. Auf dem etwas weniger heißen, mittleren Bereich die Brötchen antoasten und den Bacon knusprig braten.
5. Anschließend die Patties auf den heißen Bereich der Feuerplatte legen und wenden, sobald der Fleischsaft oben austritt. Direkt nach dem Wenden mit Pfeffer und Salz würzen, jeweils mit 2 Scheiben Bacon und 1 Käsescheibe belegen und weitere 2 Minuten braten, bzw. bis der Käse geschmolzen ist.
6. Anschließend die Burger zusammensetzen. Die Unterseite jeweils mit 1 Teelöffel Mayonnaise bestreichen. Dann nacheinander etwas Rucola, einen großen Klecks Salsa und das überbackene Pattie darauflegen. Noch etwas Barbecue-Sauce hinzufügen und den Deckel auflegen.

WILDBURGER MIT PREISELBEEREN UND SCHMORZWIEBELN

ZUTATEN FÜR 5 PORTIONEN

5 Burger Buns
(Rezept siehe S. 64)
etwas Butter
4 TL Preiselbeeren aus dem Glas
3 TL Senf (Dijon Senf)
1 kg gehacktes Wildfleisch

→ 60 % WILDSCHWEINFLEISCH, 40 % REHFLEISCH

250 g Blauschimmelkäse (Bavaria Blue)
½ Kopf Lollo-Rosso-Salat

FÜR DIE SCHMORZWIEBELN

4 Zwiebeln
1 EL brauner Zucker
1 Flasche dunkles Bier (0,33 l)
100 g Butter
Salz, Pfeffer
1 EL Honig

ZUBEREITUNG

1. Die Burger Buns in der Mitte durchschneiden und die Schnittflächen mit Butter bestreichen. Aus 3 Teelöffeln Preiselbeeren und 3 Teelöffeln Senf einen Preiselbeersenf anrühren. Für die Schmorzwiebeln die Zwiebeln schälen und in Streifen schneiden.
2. Das Wildhackfleisch kurz mit der Hand durchkneten und daraus 5 Patties von jeweils ca. 200 g formen.
3. Die Feuerplatte auf hohe Hitze vorheizen. Auf dem etwas weniger heißen, mittleren Bereich die Brötchen antoasten und die Zwiebeln glasig braten. Anschließend den braunen Zucker über die Zwiebeln streuen und karamellisieren lassen. Immer wieder mit etwas Bier ablöschen, dabei aufpassen, dass nicht alles ins Feuer läuft. Nach ca. 15 Minuten sollten sie schön weich sein. Mit Salz, Pfeffer und Honig abschmecken und auf der Feuerplatte warm halten.
4. Das Fleisch 2 Minuten auf dem inneren, heißen Bereich der Platte anbraten. Nach dem Wenden Pfeffer, Salz und ordentlich Blauschimmelkäse daraufgeben und weitere 2 Minuten braten.
5. Anschließend die Burger wie auf dem Foto zusammensetzen.

GUACAMOLE-BURGER

ZUTATEN FÜR 5 PORTIONEN

5 Burger Buns
(Rezept siehe S. 64)
etwas Butter
1 kg Rinderhackfleisch
1 rote Zwiebel
2 Tomaten
10 Scheiben Bacon
5 Scheiben Käse (Tipp: würziger Cheddar)
5 TL Mayonnaise
150 g Rucola

FÜR DIE GUACAMOLE

2 Avocados
1 Knoblauchzehe
1 Schalotte
1 Chilischote
1 EL frische gehackte Korianderblätter
Saft von 1 Limette
Salz, Pfeffer

ZUBEREITUNG

1. Zunächst die Guacamole zubereiten. Dafür das Fruchtfleisch aus der Schale der Avocados kratzen, in eine Schüssel geben und mit einer Gabel zu einer breiigen Textur zerdrücken.
2. Den Knoblauch und die Schalotte schälen, die Chilischote waschen und alles fein hacken. Mit dem Koriander in den Avocadobrei rühren. Die Guacamole mit Limettensaft, Salz und Pfeffer abschmecken.
3. Die Burger Buns in der Mitte durchschneiden und die Schnittflächen mit Butter bestreichen.
4. Das Rinderhackfleisch kurz mit der Hand durchkneten und daraus 5 Patties von jeweils ca. 200 g formen.
5. Die rote Zwiebel schälen, die Tomaten waschen und beides in Scheiben schneiden.
6. Die Feuerplatte auf hohe Hitze vorheizen. Auf dem etwas weniger heißen, mittleren Bereich die Brötchen antoasten und den Bacon knusprig braten.
7. Anschließend die Patties auf den heißen Bereich der Feuerplatte legen und wenden, sobald der Fleischsaft oben austritt. Direkt nach dem Wenden mit Pfeffer und Salz würzen und jeweils 1 Käsescheibe auflegen. Weitere 2 Minuten braten, bzw. bis der Käse geschmolzen ist.
8. Anschließend die Burger wie auf dem Foto zusammensetzen.

PHILLY CHEESE STEAK SANDWICH

ZUBEREITUNG

1. Die Paprikaschoten waschen, entkernen und in Streifen schneiden. Die Zwiebel pellen und in Ringe schneiden.
2. Die Feuerplatte für hohe Hitze vorheizen und die Steaks 2 Minuten pro Seite richtig scharf anbraten. Danach sofort von der Platte nehmen und auf ein Brettchen legen.
3. Die Steaks in dünne Tranchen schneiden.
4. Die Paprikastreifen und Zwiebelringe zusammen mit der Butter im mittleren, nicht ganz so heißen Bereich der Platte glasig andünsten.
5. Danach die Steaktranchen dazulegen und alles unter Wenden braten.
6. Den Käse darauflegen und schmelzen lassen.
7. Die Buns aufschneiden, die Fleisch-Gemüse-Masse einfüllen und mit Salz und frisch gemahlenem Pfeffer würzen.

ZUTATEN FÜR 5 PORTIONEN

2 grüne Paprikaschoten
1 rote Zwiebel
800 g Entrecôte (am besten 2 Steaks à 400 g)
1 EL Butter
500 g Käse in Scheiben (Tipp: Am besten Provolone, ersatzweise Cheddar)
5 Hot Dog Buns (Rezept siehe S. 64)
Salz, Pfeffer

BURGER UND HOT DOG BUNS

ZUTATEN FÜR 10 BUNS

30 g frische Hefe
135 ml warmes Wasser (35 °C)
30 g Zucker
15 g Salz
90 ml Milch (3,5 % Fett) + etwas zum Bestreichen
15 g Chiliflocken
610 g Weizenmehl (Type 550)
2 Eier (Größe M)
90 g Butter
Mohn-, Sesamsamen

ZUBEREITUNG

1. Die Hefe zerbröseln, mit Wasser und Zucker vermischen und 10 Minuten ruhen lassen.
2. Anschließend mit dem Salz, der Milch, den Chiliflocken, dem Mehl und 1 Ei vermischen. Ab jetzt am besten mit der Küchenmaschine und dem Knethaken weiterarbeiten. Die Butter portionsweise hinzufügen und alles zu einem glatten Teig verkneten. Diesen mindestens 30 Minuten gehen lassen.
3. Danach den Teig in 10 gleich große Kugeln von jeweils ca. 100 g formen.
   Für Hot Dogs geht's auf S. 134 weiter.)
4. Die Kugeln platt drücken und die Außenseiten nach innen falten, sodass die Teigoberfläche gespannt ist (siehe dazu auch S. 134).
5. Anschließend noch einmal 30 Minuten ruhen lassen. In der Zwischenzeit den Backofen auf 220 °C Ober- und Unterhitze aufheizen.
6. Die Burger Buns auf ein mit Backpapier ausgelegtes Backblech legen. Darauf achten, dass ausreichend Platz dazwischen ist, da sie stark aufgehen. Am besten nicht mehr als 5 Buns auf ein Blech legen.
7. Das übrige Ei verquirlen und die Buns damit bestreichen. Wahlweise mit Mohn- oder Sesamsamen bestreuen.
8. Die Buns 13 Minuten backen.
9. Nach dem Backen die noch heißen Brötchen dünn mit etwas Milch bestreichen, damit sie glänzen.
10. Auskühlen lassen und verwenden oder zur späteren Verwendung einfrieren.

FISCH

WOLFSBARSCH MIT SMASHED POTATOES

ZUBEREITUNG

1. Die Kartoffeln waschen und mit der Schale kochen. Anschließend beiseitestellen.
2. Die Fische abwaschen und trocken tupfen. Mit einem scharfen Messer das Filet von außen 3- bis 4-mal einschneiden. Die Schuppen müssen nicht entfernt werden, sie bilden auf der heißen Platte eine hervorragende Schutzschicht.
3. Für die Marinade die Zitrone heiß abwaschen, etwas Zeste abreiben und beiseitestellen. Den Rest der Zitrone in Scheiben schneiden. Die Chilischote waschen, entkernen, den Knoblauch pellen und beides fein hacken. Die Kräuter unterrühren und einen Schuss Öl dazugießen.
4. Den Fisch mit den Zitronenscheiben und der Marinade füllen. Von außen mit Salz und der Hälfte der Zitronenzeste bestreuen.
5. Die Feuerplatte auf mittlere Hitze vorheizen und den Fisch mit einem guten Spritzer Öl auf die heiße Temperaturzone der Feuerplatte geben. Nach 5 Minuten wenden und von der anderen Seite knusprig anbraten.
6. Währenddessen die kleinen Kartoffeln zum Beispiel mit einer Maurerkelle auf der Platte platt drücken. Einen Spritzer Öl dazugeben und nach 3 Minuten wenden. Je nachdem, wie knusprig die Kartoffeln werden sollen, diese etwas weiter innen oder außen auf der Platte braten.
7. Der Fisch und die Kartoffeln sollten gleichzeitig fertig sein. Direkt vor dem Servieren die restliche Zitronenzeste, etwas Pfeffer und Salz auf den Fisch und die Kartoffeln geben.

ZUTATEN FÜR 4 PORTIONEN

2 Wolfsbarsche, küchenfertig (aber mit Schuppen)
1 Bio-Zitrone
1 milde Chilischote
1 Knoblauchzehe
1 EL gehackte Korianderblätter
1 EL gehackte Petersilienblätter
Pflanzenöl
Salz, Pfeffer

FÜR DIE SMASHED POTATOES

350 g kleine Kartoffeln (Drillinge)
Salz

→ DAZU PASST SPARGEL UND EINE LECKERE SOUR CREAM.

LACHS MIT GURKENSALAT

ZUTATEN FÜR 4 PORTIONEN

600 g Lachsfilet mit Haut
Pflanzenöl
Salz, Pfeffer
Saft von 1 Limette

FÜR DEN GURKENSALAT

1 Salatgurke
½ EL Salz
1 Prise Zucker
1 rote Zwiebel
1 EL frische gehackte Dillspitzen
20 ml Sonnenblumenöl
20 ml Weißweinessig
20 ml Gin (Tipp: Hendricks)
Pfeffer

ZUBEREITUNG

1. Die Salatgurke waschen, in dünne Scheiben schneiden und mit dem Salz und dem Zucker vermischen. 10 Minuten ziehen lassen und die entstandene Flüssigkeit abgießen.
2. Die Zwiebel schälen, in dünne Scheiben schneiden und zusammen mit dem Dill, dem Öl, Essig und Gin zu einem Dressing verrühren.
3. Die Gurken hinzufügen, alles durchmischen und mit Salz und Pfeffer abschmecken. Beiseitestellen, bis der Lachs fertig ist.
4. Den Lachs abwaschen und trocken tupfen.
5. Die Feuerplatte auf hohe Hitze vorheizen. Den Lachs mit Öl bestreichen und mit Salz würzen.
6. Zuerst den Lachs auf der Hautseite 3 Minuten im mittleren Bereich anbraten.
7. Dann wenden und weitere 3 Minuten von der anderen Seite anbraten.
8. Mit frisch gemahlenem Pfeffer und etwas Limettensaft würzen und auf dem Gurkensalat servieren.

CHILI-KNOBLAUCH-GARNELEN

ZUTATEN FÜR 6 PORTIONEN

800 g rohe Garnelen

FÜR DIE MARINADE

3 Knoblauchzehen
2 Chilischoten
1 Bio-Zitrone
2 EL gehackte Petersilienblätter
50 ml Olivenöl
Salz, Pfeffer

ZUBEREITUNG

1. Die Garnelen am Rücken mit einer Schere aufschneiden und den Darm entfernen. Die Garnelen noch einmal abwaschen und in eine Schüssel geben.
2. Den Knoblauch schälen und fein hacken, die Chilischoten waschen, entkernen und in feine Ringe schneiden. Beides zu den Garnelen geben.
3. Die Zitrone mit heißem Wasser abwaschen. Anschließend die Schale mit einer Küchenreibe abreiben und beiseitestellen.
4. Den Saft der Zitrone auspressen und zusammen mit der Petersilie über die Garnelen geben.
5. Das Olivenöl und etwas Salz hinzufügen und alles gut durchrühren. Mindestens 30 Minuten marinieren lassen.
6. Die Feuerplatte auf hohe Hitze vorheizen und die Garnelen 90 Sekunden auf jeder Seite anbraten.
7. Mit der Zitronenzeste und frisch gemahlenem Pfeffer garnieren und heiß servieren.

→ DAZU PASST PERFEKT DIE AIOLI VON SEITE 114.

PULPO-SALAT

ZUTATEN FÜR 4 PORTIONEN

1 küchenfertiger Pulpo (Kraken)
Salz
2 Lorbeerblätter
Pflanzenöl
1 Bund glatte Petersilie
1 Knoblauchzehe
½ TL Chiliflocken
50 ml gutes Olivenöl
Saft von 1 Zitrone

ZUBEREITUNG

1. Den Pulpo abwaschen, Wasser in einem Topf zum Kochen bringen und salzen. Den Pulpo mit den Tentakeln nach unten in den Topf geben, die Lorbeerblätter hinzufügen. Auf niedriger Stufe etwa 90 Minuten simmern lassen. Der Pulpo ist gar, sobald man mit einem Holzstäbchen ohne großen Widerstand hineinstechen kann.
2. Den Pulpo aus dem Topf nehmen, kurz abkühlen lassen und die schon abgelöste Haut abrubbeln. Alles andere kann ruhig dranbleiben.
3. Die Feuerplatte für große Hitze vorheizen und den Pulpo mit etwas Öl kurz scharf anbraten.
4. Anschließend die Arme abtrennen und in mundgerechte Scheiben schneiden. Der Kopf wird für dieses Rezept nicht verwendet.
5. Die Petersilie waschen, die Blätter abzupfen und grob hacken. Den Knoblauch pellen und fein hacken.
6. Den Pulpo zusammen mit der Petersilie, dem Knoblauch und den Chiliflocken in eine Schale geben. Anschließend mit reichlich Olivenöl übergießen und vermengen.
7. Mit etwas Salz und dem Saft einer Zitrone abschmecken.

→ **DAZU PASST HERVORRAGEND DAS NAAN-BROT VON SEITE 106.**

HOLZKERN

PANIERTES ROTBARSCH-FILET MIT TARTARENSAUCE

ZUTATEN FÜR 6 PORTIONEN

6 Rotbarschfilets (ca. 200 g pro Filet)
Saft von 1 Zitrone
5 EL Mehl
Salz, Pfeffer
Cayennepfeffer
2 Eier
125 g Semmelbrösel
etwas Butterschmalz

FÜR DIE TARTARENSAUCE

2 TL Kapern
1 hartgekochtes Ei
2 Gewürzgurken
2 Frühlingszwiebeln
200 g Mayonnaise
1 EL frische gehackte Schnittlauchblätter
1 EL frische gehackte Petersilienblätter
Salz, Pfeffer
1 TL Balsamico-Essig
Schale von 1 Limette (nach Belieben)

ZUBEREITUNG

1. Als Erstes die Sauce zubereiten. Dafür die Kapern grob hacken, das Ei pellen und ebenso wie die Gurken würfeln. Die Frühlingszwiebeln waschen und in feine Ringe schneiden. Alles mit der Mayonnaise, dem Schnittlauch und der Petersilie verrühren. Anschließend mit Pfeffer, Salz und Balsamico-Essig abschmecken. Optional noch etwas Limettenschale hinzufügen.
2. Die Fischfilets auf Gräten prüfen und anschließend mit etwas Zitronensaft beträufeln.
3. Zum Panieren zunächst das Mehl mit Salz, Pfeffer und Cayennepfeffer würzen und den Fisch darin wenden. Anschließend die Eier in einem Teller verquirlen und den Fisch hineinlegen. Zuletzt die Semmelbrösel in eine Schale geben und den Fisch einmal darin wenden.
4. Die Feuerplatte auf mittlere Hitze vorheizen und etwas Butterschmalz darauf zerlaufen lassen. Die Fischfilets in das Butterschmalz legen, 4 Minuten braten und dann wenden.
5. Mit der Tartarensoße, dem übrigen Zitronensaft und restlicher Limettenschale servieren.

→ **DAZU PASSEN HERVORRAGEND POMMES.**

KALAMARZÖPFE AUF SPAGHETTI

ZUTATEN FÜR 4 PORTIONEN

300 g Spaghetti
Salz
2 Knoblauchzehen
30 ml Olivenöl
200 g küchenfertige Kalamarzöpfe
8 halbierte Cherrytomaten
2 EL frische gehackte Petersilienblätter
80 g frisch geriebener Parmesan

ZUBEREITUNG

1. Die Spaghetti nach Packungsvorgabe in Salzwasser kochen.
2. Den Knoblauch pellen, fein würfeln und zusammen mit etwas Olivenöl zu den Kalamarzöpfen geben.
3. Die Feuerplatte auf mittlere Hitze vorbereiten und die Knoblauch-Kalamar-Mischung mit einem weiteren Schuss Olivenöl auf die Feuerplatte geben und kurz anbraten.
4. Die Spaghetti – falls noch nicht geschehen – abgießen und ebenfalls auf die Feuerplatte geben.
5. Die Cherrytomaten waschen, mit der Petersilie hinzufügen und alles gut durchmischen.
6. Ca. 3 Minuten weiter braten, immer wieder wenden. Mit Parmesan bestreuen und heiß servieren.

PULLED-LACHS-SANDWICH

ZUTATEN FÜR 6 PORTIONEN

800 g Lachsfilet ohne Haut
Saft von 1 Zitrone
1 TL frische gehackte Dillspitzen
1 TL Currypulver
Salz, Pfeffer
Pflanzenöl
14 Scheiben Buttertoast
200 g Kräuterbutter
200 g Rucola, gewaschen und verlesen

FÜR DIE LIMETTEN-MAYONNAISE

Saft von 1 Limette
5 EL Mayonnaise

FÜR DIE HONIG-SENF-SAUCE

3 EL Honig
3 EL Senf (Tipp: Dijonsenf)
3 EL süßer Senf
1 Zitrone
2 EL frische gehackte Dillspitzen
Salz, Pfeffer

ZUBEREITUNG

1. Zunächst den Lachs auf Gräten kontrollieren und diese gegebenenfalls entfernen. Anschließend den Fisch mit Zitronensaft beträufeln und mit Dillspitzen, Currypulver, Salz und Pfeffer würzen. Mindestens 30 Minuten kalt stellen.
2. In der Zwischenzeit für die Limetten-Mayonnaise den Limettensaft mit der Mayonnaise verrühren.
3. Für die Honig-Senf-Sauce alle Zutaten mischen, mit etwas Salz und großzügig mit Pfeffer abschmecken.
4. Die Feuerplatte auf mittlere Hitze vorheizen. Die Toastscheiben von beiden Seiten mit Kräuterbutter bestreichen und auf der Platte knusprig braten.
5. Gleichzeitig den Lachs mit etwas Öl auf die Platte legen und ca. 4 Minuten von jeder Seite anbraten. Der Lachs sollte außen schön knusprig und innen saftig sein. Anschließend in einer Schüssel mithilfe von zwei Gabeln in Stücke zupfen.
6. Zum Schluss die Sandwiches zusammensetzen. Dafür jeweils eine Toastscheibe mit etwas Limetten-Mayo bestreichen, nacheinander ein paar Rucolablätter, eine Portion von dem gezupften Lachs und etwas Honig-Senf-Sauce darauflegen und mit einer Toastscheibe als Deckel abschließen.

→ HIERZU PASST HERVORRAGEND DER GURKENSALAT VON SEITE 70.

FORELLE IM BACONMANTEL

ZUTATEN FÜR 6 PORTIONEN

6 küchenfertige Forellen
Saft von 2 Zitronen
6 TL frische gehackte Petersilienblätter
6 TL frische gehackte Majoranblätter
6 TL Butter
Salz, Pfeffer
24 Scheiben Bacon
1 Bio-Limette
1 rote Zwiebel

ZUBEREITUNG

1. Die Forellen innen und außen abwaschen und von beiden Seiten mit dem Zitronensaft beträufeln.
2. Dann mit den Kräutern und jeweils 1 Teelöffel Butter füllen. Mit Salz und Pfeffer würzen.
3. Jede Forelle mit 4 Scheiben Bacon umwickeln.
4. Die Limette mit heißem Wasser abwaschen und in Spalten schneiden. Die Zwiebel schälen und in dünne Ringe schneiden.
5. Die Feuerplatte auf mittlere Hitze vorheizen und die Forellen ca. 8 Minuten von jeder Seite braten, bzw. bis sie gar sind.
6. Zum Servieren jeweils eine Limettenspalte und die Zwiebelringe reichen.

RÄUCHERLACHS-PANCAKES

ZUBEREITUNG

1. Für den Teig das Mehl und die Milch im Mixer zu einer glatten Masse verrühren. Die Eier, zwei Prisen Salz und zum Schluss die Petersilie hinzufügen.
2. Für den Belag die Limette heiß abwaschen und in Spalten schneiden. Das Basilikum waschen und die Blätter abzupfen.
3. Die Feuerplatte auf mittlere Hitze vorheizen und etwas Öl daraufgießen. Mit einer Kelle den Pancaketeig in 4 Portionen daraufgeben und ca. 90 Sekunden von beiden Seiten braten.
4. Zum Servieren auf jedem Pancake einen Klecks Kräuter-Crème fraîche verstreichen, etwas Räucherlachs darauflegen und mit ein paar Basilikumblättern und einer Limettenspalte garnieren.

→ FALLS DER TEIG ZU DÜNN IST UND WEG LÄUFT, NOCH ETWAS MEHR MEHL UNTERRÜHREN.

ZUTATEN FÜR 4 PORTIONEN

200 g Mehl (Type 405)
400 ml Vollmilch
4 Eier (Größe M)
Salz
2 EL frische gehackte Petersilienblätter
Pflanzenöl

FÜR DEN BELAG

1 Bio-Limette
1 Bund frisches Basilikum
8 Scheiben Räucherlachs
125 g Kräuter-Crème-fraîche

KABELJAU AUF GEMÜSESPAGHETTI

ZUTATEN FÜR 4 PORTIONEN

1 Bio-Zitrone
800 g Kabeljaufilet
1 rote Zwiebel
4 Möhren
2 Zucchini
Olivenöl
2 EL Teriyaki-Sauce
Salz, Pfeffer

ZUBEREITUNG

1. Die Zitrone heiß abwaschen, die Zeste abreiben und den Saft auspressen.
2. Den Kabeljau auf Gräten überprüfen und mit etwas Zitronensaft beträufeln.
3. Die Zwiebel pellen und in Ringe schneiden. Die Möhren schälen, die Zucchini waschen, die Stielansätze entfernen und beides mit einem Spiralschneider in lange Streifen schneiden. Alles mit der Zitronenzeste bestreuen. Gut pfeffern und salzen. Anschließend mit 1 Esslöffel Zitronensaft und etwas Olivenöl vermengen. 10 Minuten marinieren lassen.
4. Die Feuerplatte auf mittlere Hitze vorheizen und den Fisch und das Gemüse mit darauflegen. Den Fisch nach 3 Minuten wenden und bis zum gewünschten Gargrad weiter braten. Das Gemüse regelmäßig wenden und nach ca. 4 Minuten mit der Teriyaki-Sauce übergießen.
5. Den Fisch auf einem Bett von Gemüsespaghetti servieren.

VEGETARISCH

GEBRATENER SPARGEL-SALAT MIT CHILI

ZUBEREITUNG

1. Den Spargel schälen und in mundgerechte Stücke schneiden.
2. Die Chilischote waschen, entkernen, fein hacken und zusammen mit den restlichen Zutaten zu einer Marinade verrühren.
3. Die Spargelstücke in die Marinade geben, alles gut durchmengen und mindestens 20 Minuten marinieren lassen.

→ **HIER LOHNT SICH DAS NASCHEN, DENN DER SALAT SCHMECKT AUCH ROH SCHON KÖSTLICH.**

4. In der Zwischenzeit die Feuerplatte auf mittlere Hitze vorheizen. Den Spargel etwas abtropfen lassen und ca. 5 Minuten im mittleren Teil auf der Platte anbraten und dann servieren.

ZUTATEN FÜR 4 PORTIONEN

800 g weißer Spargel
1 Chilischote
1 TL Salz
1 TL brauner Zucker
½ TL Honig
3 EL Apfelessig
4 EL Olivenöl

LAUWARMER PILZSALAT

ZUTATEN FÜR 6 PORTIONEN

300 g Champignons
300 g Kräuterseitlinge
1 Chilischote
1 Zwiebel

FÜR DIE MARINADE

1 Bio-Zitrone
2 frische Rosmarinzweige
1 EL frische gehackte Petersilienblätter
1 TL Salz
½ TL frisch gemahlener Pfeffer
1 TL brauner Zucker
½ TL Honig
3 EL Portwein
100 ml Olivenöl

ZUBEREITUNG

1. Die Pilze putzen und falls nötig in mundgerechte Stücke schneiden. Die Chilischote waschen und entkernen, die Zwiebel pellen und beides in feine Ringe schneiden.
2. Für die Marinade die Zitrone heiß abwaschen, die Zeste abreiben und den Saft auspressen. Den Rosmarin waschen, die Nadeln abzupfen und grob hacken. Mit den anderen Zutaten für die Marinade verrühren.
3. Die Pilze, Chili- und Zwiebelringe hineingeben, umrühren und mindestens 20 Minuten marinieren lassen.
4. Die Feuerplatte auf mittlere Hitze vorheizen. Die Pilze etwas abtropfen lassen und auf die Platte geben. Ca. 5 Minuten anbraten, dabei regelmäßig wenden.
5. Anschließend mit der restlichen Marinade vermischen und servieren.

VEGETARISCHE SÜSSKARTOFFEL-BURGER

ZUBEREITUNG

1. Die Süßkartoffeln mit der Schale kochen, pellen und mit der Butter zu Brei zerstampfen.
2. Knoblauchzehen und Zwiebeln pellen, die Chilischoten waschen und entkernen. Alles fein würfeln und zusammen mit dem Tomatenmark bei mittlerer Hitze kurz in etwas Öl anbraten. Die Hälfte beiseite stellen und den Rest mit Muskatnuss, Eiern, Petersilie und Paprikapulver unter den Süßkartoffelbrei rühren und mit Salz und Pfeffer abschmecken.
3. Jetzt aus dem Brei 5 gleich große Patties formen und für 30 Minuten in das Gefrierfach legen.
4. Für das Paprikarelish die Paprikaschoten waschen und entkernen, die Tomaten waschen, beides würfeln und bei niedriger Hitze anbraten. Den braunen Zucker darüberstreuen und immer regelmäßig wenden. Die übrige Knoblauch-Zwiebel-Chili-Mischung dazugeben. Weiter braten und nach ca. 5 Minuten, wenn die Masse schön dickflüssig ist, von der Platte nehmen und mit Pfeffer, Salz und Weißweinessig abschmecken.
5. Die Burger Buns aufschneiden, mit etwas Butter bestreichen und bei mittlerer Hitze knusprig braten.
6. Die vorbereiteten Süßkartoffelpatties mit einem guten Schuss Pflanzenöl bei mittlerer Hitze 4 Minuten auf jeder Seite anbraten. Nach dem ersten Wenden jeweils 1 Scheibe darauflegen und den Burger wie auf dem Bild zusammensetzen und servieren.

ZUTATEN FÜR 5 PORTIONEN

1 kg Süßkartoffeln
4 Knoblauchzehen
2 rote Zwiebeln
2 Chilischoten
4 TL Tomatenmark
Pflanzenöl
¼ TL geriebene Muskatnuss
3 Eier (Größe M)
2 EL frische gehackte Petersilienblätter
1 TL geräuchertes Paprikapulver
Salz, Pfeffer
300g Haferflocken
5 Burger Buns
100 g Butter
5 Scheiben Käse
150 g Feldsalat
100 g Röstzwiebeln

FÜR DAS PAPRIKARELISH

2 rote Paprikaschoten
2 Tomaten
1 EL brauner Zucker
1 EL Weißweinessig

QUESADILLAS

ZUTATEN FÜR 4 PORTIONEN

600 g Cheddarkäse
2 Jalapeños
2 eingelegte Peperoni
8 Maistortillas

ZUM DIPPEN

Guacamole
(Rezept siehe S. 60)
Pico de Gallo
(Rezept siehe S. 112)

ZUBEREITUNG

1. Den Käse reiben, die Jalapeños waschen, entkernen und fein würfeln. Die Peperoni abtropfen lassen und in dünne Scheiben schneiden.
2. Die Feuerplatte auf mittlere Hitze vorheizen, 4 Tortillas darauflegen und den Käse gleichmäßig darüber verteilen. Anschließend die Jalapeños und die Peperoni darüberstreuen. Die übrigen 4 Tortillas als Deckel obendrauf legen.
3. Nach ungefähr 3 Minuten die Tortillas einmal wenden. Dann noch weitere 3 Minuten auf der Feuerplatte lassen, bzw. bis der Käse geschmolzen ist.
4. Die Quesadillas achteln und mit den Dips servieren.

ZUCCHINI-CAMEMBERT-KRÜSTCHEN

ZUBEREITUNG

1. Die Zucchini waschen, Stielansätze entfernen und mit einem Sparschäler der Länge nach in hauchdünne Scheiben schneiden. Anschließend in einer Schale mit Öl beträufeln und mit Pfeffer und Salz würzen.
2. Die Brotscheiben von beiden Seiten mit Butter bestreichen. Den Käse in schön dicke Scheiben schneiden.
3. Die Feuerplatte auf mittlere Hitze vorheizen und die Zucchini und die Brote von beiden Seiten ca. 2 Minuten knusprig braten.
4. Die Brote herunternehmen, von einer Seite mit dem Pesto bestreichen und großzügig mit Käse belegen.
5. Die Zucchini leicht abtropfen lassen oder kurz auf Küchenkrepp legen. Dann noch heiß auf den Käse geben. Etwas Balsamico-Creme darüberträufeln und mit frisch gemahlenem Pfeffer würzen. Zum Schluss noch mit den Basilikumblättern bestreuen.

ZUTATEN FÜR 6 PORTIONEN

2 Zucchini
Pflanzenöl
Salz, Pfeffer
6 Scheiben Körnerbrot
etwas Butter
360 g Camembert
1 Glas Basilikum-Pesto (ca. 180 g)
Balsamico-Creme
frisch gemahlener Pfeffer
3 EL frische gehackte Basilikumblätter

PIZZA MIT GRILLGEMÜSE

ZUTATEN FÜR 5 PORTIONEN

6 g frische Hefe
12 g Salz
300 ml Wasser (32 °C warm)
500 g Pizzamehl (Type 00)

FÜR DIE TOMATENSAUCE

400 g geschälte Tomaten aus der Dose
2 EL frische Basilikumblätter
Salz

FÜR DEN BELAG

1 Zucchini
2 rote Zwiebeln
200 g braune Champignons
1 rote Paprikaschote
1 orange Paprikaschote
150 g Mais aus der Dose
Salz, Pfeffer
1 Prise Zucker
Olivenöl
2 Kugeln Mozzarella

→ DAZU PASST HERVORRAGEND DIE AIOLI VON SEITE 114.

ZUBEREITUNG

1. Hefe und Salz im warmen Wasser auflösen und 5 Minuten stehen lassen.
2. Dann das Mehl in eine Schüssel geben und die Hefe-Mischung mit einem Knethaken ca. 15 Minuten zu einem glatten Teig kneten. Über Nacht in den Kühlschrank stellen.
3. 4 Stunden vor der weiteren Verwendung den Teig in kleine Kugeln von jeweils ca. 200 g formen. Diese die restlichen Stunden noch gehen lassen.
4. Für die Tomatensauce die Dosentomaten mit Saft in eine Schüssel geben. Das Basilikum waschen, zu den Tomaten geben und mit einem Mixstab pürieren, die Sauce mit Salz abschmecken.
5. Für den Belag das Gemüse waschen, gegebenenfalls schälen und putzen und in mundgerechte Stücke schneiden. Mit Pfeffer, Salz, 1 Prise Zucker und einem Schuss Olivenöl in einer Schüssel 30 Minuten ziehen lassen.
6. Den Teig zu ovalen Schiffchen formen, den Mozzarella in Scheiben schneiden. Die Pizzaschiffchen mit der Tomatensauce und dem Mozzarella belegen.
7. Die Feuerplatte auf hohe Temperatur vorheizen und die Pizzaschiffchen darauflegen. Diese regelmäßig drehen, sodass sie gleichmäßig garen.
8. Das klein geschnittene Gemüse mit einem Schuss Öl auf die heiße Platte geben und kurz anbraten.
9. Die Pizzaschiffchen mit dem Grillgemüse belegen, sobald sie knusprig und leicht braun sind, servieren.

BLUMENKOHLSTEAKS MIT PAPRIKA-DIP

ZUBEREITUNG

1. Als Erstes den Dip vorbereiten. Dafür die Feuerplatte auf mittlere Hitze vorheizen. Die Paprikaschote waschen, putzen, vierteln und von allen Seiten kurz anbraten. Schwarze Stellen an der Schale einfach mit einem Messer entfernen.
2. Die Zwiebel schälen und grob zerkleinern. Mit der gegrillten Paprika, dem Feta und Frischkäse in einem Mixer zu einer Creme pürieren. Mit Salz, Pfeffer und Honig abschmecken und bis zum Servieren in den Kühlschrank stellen.
3. Die Zitrone heiß abwaschen, die Zeste abreiben und den Saft auspressen. Für die Marinade den Zitronensaft mit dem Olivenöl verrühren. Pfeffer, Salz und das geräucherte Paprikapulver unterrühren.
4. Den Blumenkohl putzen und waschen, in ca. 2 cm dicke Scheiben schneiden und mit der Marinade bepinseln.
5. Die Feuerplatte auf mittlere Hitze aufheizen und die Blumenkohlscheiben 3 Minuten von jeder Seite anbraten.
6. Zusammen mit dem Paprika-Dip servieren und nach Geschmack noch etwas frisch gemahlenen Pfeffer und Zitronenzeste darübergeben.

→ WER ES ETWAS SCHÄRFER MAG, KANN NOCH ETWAS SRIRACHA-SAUCE HINZUFÜGEN.

ZUTATEN FÜR 3 PORTIONEN

1 Blumenkohl

FÜR DEN PAPRIKA-DIP

1 rote Paprikaschote
½ rote Zwiebel
80 g Feta-Käse
150 g Frischkäse
Salz, Pfeffer
1 TL Honig

FÜR DIE MARINADE

1 Bio-Zitrone
6 EL Olivenöl
½ TL geräuchertes Paprikapulver

KNUSPRIGE ZUCCHINI UND AUBERGINEN

ZUTATEN FÜR 4 PORTIONEN

2 Zucchini
2 Auberginen
3 EL Mehl
1 Zitrone
2 EL frische Petersilie
4 EL gutes Olivenöl
100 g Parmesan

ZUBEREITUNG

1. Die Zucchini und Auberginen waschen und die Stielansätze abschneiden. Beides der Länge nach vierteln und die Kerne entfernen. Anschließend in mundgerechte Häppchen schneiden.
2. Die Gemüsestücke in Mehl wenden.
3. Die Zitrone auspressen, die Petersilie waschen, die Blätter von den Stängeln zupfen und grob hacken. Beides zur Seite stellen.
4. Die Feuerplatte auf mittlere Hitze vorbereiten und das Gemüse mit reichlich Olivenöl zuerst auf der Innenseite anbraten. Dabei aufpassen, dass das Öl nicht zu heiß wird. Wenn das Gemüse innen schön braun ist, auf die Außenseite wenden und weiter garen.
5. Zum Servieren die Gemüsehappen in eine Schale geben, reichlich Parmesan darüber reiben und mit dem Zitronensaft beträufeln. Zum Schluss noch mit etwas Petersilie bestreuen.

NAAN-BROT MIT KOKOS-CHUTNEY

ZUTATEN FÜR 4 PORTIONEN

190 g Mehl (Type 405)
4,5 g Backpulver
4,5 g Salz
1,7 g Natron
150 g griechischer Joghurt
1 EL gutes Olivenöl
100 g Butter

FÜR DAS KRÄUTERÖL

2 Knoblauchzehen
1 TL gemahlener Kreuzkümmel
1 EL frische Thymianblättchen
1 EL frische gehackte Rosmarinnadeln
2 EL frische gehackte Korianderblätter

FÜR DAS CHUTNEY

3 grüne Chilischoten
½ Bund Koriander
Fruchtfleisch einer halben Kokosnuss
Saft von 1 Limette
1 EL gutes Olivenöl
Salz

ZUBEREITUNG

1. Das Mehl mit dem Backpulver, dem Salz und dem Natron vermischen.
2. Für das Knoblauchöl die Knoblauchzehen pellen und in dünne Scheiben schneiden. Mit dem Kreuzkümmel, Thymian, Rosmarin und Koriander vermischen. Etwas Olivenöl daraufgießen und beiseitestellen, bis der Teig fertig ist.
3. Das Mehlgemisch mit dem Joghurt und Olivenöl zu einem glatten Teig verkneten und ca. 60 Minuten gehen lassen.
4. In der Zwischenzeit für das Chutney die Chilischoten waschen, entkernen und grob hacken. Den Koriander waschen und die Blätter von den Stängeln zupfen. Beides mit den anderen Zutaten in einem Mixer zu einer sämigen Paste pürieren und mit Salz abschmecken.
5. Anschließend den Teig in 4 Teile aufteilen und zu dünnen Fladen ausrollen. Eine Seite mit etwas Knoblauchpaste bestreichen.
6. Die Feuerplatte auf mittlere Hitze vorheizen, etwas Butter zerlassen und die Teigfladen 3 Minuten auf jeder Seite braten. Mit dem Kokos-Chutney servieren.

PULLED-KRÄUTERSEITLING TACO

ZUTATEN FÜR 4 PORTIONEN

800 g Kräuterseitlinge
1 Zwiebel
1 Knoblauchzehe
50 g Butter
½ TL geräuchertes Paprikapulver
¼ TL geriebene Muskatnuss
Salz, Pfeffer
4 EL Barbecue-Sauce
8 Taco Shells

FÜR DIE JOGHURTSAUCE

200 g Joghurt
Saft von 1 Limette
1 EL Olivenöl

AUSSERDEM

8 EL Pico de Gallo
(Rezept siehe S. 112)
8 EL Guacamole
(Rezept siehe S. 60)

ZUBEREITUNG

1. Zunächst für die Joghurtsauce den Joghurt mit dem Limettensaft und Olivenöl verrühren.
2. Die Kräuterseitlinge putzen und mit zwei Gabeln zerrupfen, die Knoblauchzehe und die Zwiebel pellen und fein würfeln.
3. Die Feuerplatte auf mittlere Hitze vorheizen, die Zwiebel- und Knoblauchwürfel kurz in der Butter anbraten und anschließend die Pilze hinzufügen. Wenn die Flüssigkeit aus den Pilzen ausgetreten ist, die Gewürze hinzufügen. Zum Schluss mit Salz, Pfeffer und Barbecue-Sauce abschmecken.
4. Zum Servieren die Pilze in die Taco Shells geben und mit jeweils einem Esslöffel Joghurtsauce, Pico de Gallo und Guacamole garnieren.

SAUCEN – DIPS

CHIPOTLE-MAYONNAISE

ZUTATEN FÜR 6 PORTIONEN

2 Chipotle-Chilis in Adobo-Sauce
200 g Mayonnaise
1 TL Worcester Sauce
½ TL Liquid Smoke (nach Belieben)
½ TL geräuchertes Paprikapulver
Salz, Pfeffer
Saft von 1 Limette

ZUBEREITUNG

1. Die Chipotle-Chilis auf einem Brettchen fein hacken.
2. Mit allen weiteren Zutaten bis auf den Limettensaft verrühren.
3. Die Mayonnaise mit Salz, Pfeffer und Limettensaft abschmecken.

PICO DE GALLO

ZUTATEN FÜR 6 PORTIONEN

4 Tomaten
1 Schalotte
1 Knoblauchzehe
1 Jalapeño
2 EL frische gehackte Petersilienblätter
1 EL frische gehackte Korianderblätter
¼ TL Salz
1 Prise Zucker
Saft von 1 Limette

ZUBEREITUNG

1. Die Tomaten waschen, die Schalotte und Knoblauchzehe pellen, die Jalapeño waschen und entkernen. Alles in kleine Würfel schneiden und in eine Schüssel geben.
2. Die Kräuter, etwas Salz und 1 Prise Zucker hinzufügen und alles verrühren.
3. Fünf Minuten ziehen lassen und dann mit dem Limettensaft abschmecken.

AIOLI

ZUTATEN FÜR 5 PORTIONEN

3 Knoblauchzehen
Saft von 1 Zitrone
100 ml Vollmilch
½ TL Salz
1 TL Pfeffer
½ TL Senf
200 ml Pflanzenöl

→ **⅔ RAPSÖL ⅓ OLIVENÖL**

ZUBEREITUNG

1. Die Knoblauchzehen pellen und hacken.
2. Mit 1 Teelöffel Zitronensaft und den restlichen Zutaten bis auf das Öl in eine hohe Schüssel geben und mit dem Stabmixer pürieren.
3. Das Öl gleichmäßig in einem dünnen Strahl dazugießen und weiter pürieren, bis die gewünschte Konsistenz entsteht.
4. Mit Pfeffer, Salz und etwas Zitronensaft abschmecken.

STEAKSAUCE

ZUTATEN FÜR 4 PORTIONEN

4 EL Fischsauce
Saft von 1 Limette
3 EL brauner Zucker
¼ Bund frischer Koriander
2 Knoblauchzehen
1 Frühlingszwiebel
1 Chilischote

ZUBEREITUNG

1. Die Fischsauce mit dem Limettensaft verrühren und den braunen Zucker darin auflösen.
2. Den Koriander waschen, die Blättchen von den Stängeln zupfen. Den Knoblauch pellen, ebenso wie den Koriander fein hacken und zur Sauce hinzufügen.
3. Die Frühlingszwiebel und die Chilischote waschen, putzen, in dünne Scheiben schneiden und ebenfalls mit in die Sauce geben.
4. Alles gut durchrühren und 20 Minuten ziehen lassen.

CHIMICHURRI

ZUBEREITUNG

1. Die Petersilie waschen, die Blätter von den Stängeln zupfen und fein hacken. Den Knoblauch und die Zwiebel pellen, die Chilischote waschen und entkernen, alles fein hacken.
2. Alle Zutaten in einen Mörser geben und zerstoßen, bis eine dickflüssige Paste entsteht. Noch einmal mit Salz, Pfeffer und nach Belieben mit Limettensaft abschmecken.

EIN BIS ZWEI TAGE IM VORAUS ANRÜHREN. DANN ENTFALTEN SICH DIE AROMEN NOCH BESSER.

ZUTATEN FÜR 4 PORTIONEN

1 Bund Petersilie
1 Knoblauchzehe
½ Chilischote
1 rote Zwiebel
Saft von ½ Limette, nach Belieben auch mehr
4 EL gutes Olivenöl
½ TL Salz
½ TL frische gehackte Oreganoblätter
½ TL frische Thymianblättchen
Pfeffer

KÄSESAUCE

ZUTATEN FÜR 2 PORTIONEN

2 EL Butter
2 EL Mehl
250 ml Milch
250 g Käse (Tipp: 125 g Vintage Cheddar und 125 g normaler Cheddar)
1 EL eingelegte Jalapeños
¼ TL geräuchertes Paprikapulver
Hot Sauce
Salz, Pfeffer

ZUBEREITUNG

1. Für eine Mehlschwitze in einem Topf die Butter auf niedriger Hitze schmelzen, das Mehl darüberstreuen und mit einem Schneebesen verrühren. Nach und nach die Milch dazugießen, dabei weiter rühren. Einmal aufkochen lassen und aufpassen, dass nichts anbrennt.
2. Den Käse reiben und unterrühren. Falls Käsescheiben verwendet werden, diese einfach in den Topf geben. Die Hitze herunterschalten und die Sauce immer wieder umrühren, bis der Käse vollständig geschmolzen ist.
3. Die Jalapeños abtropfen lassen und in kleine Würfel schneiden. Zusammen mit dem Paprikapulver und der Hot Sauce hinzufügen.
4. Mit Salz und Pfeffer abschmecken.

→ DIESER DIP PASST HERVORRAGEND ZU TORTILLAS, WRAPS, BURGERN, KARTOFFELN UND NOCH VIELEM MEHR.

DESSERT

WALDMEISTER-BRAUSE-PULVER-ERDBEEREN

ZUBEREITUNG

1. Die Minze waschen, die Blätter von den Stängeln zupfen, zusammen mit dem Brausepulver in einen Mörser geben und leicht zerstampfen.
2. Die Erdbeeren waschen, entstielen und auf Zahnstocher spießen.
3. Die Feuerplatte auf mittlere Hitze vorheizen und pro Erdbeere etwa ½ Teelöffel Zucker auf der Platte karamellisieren lassen. Mit den Erdbeeren jeweils den flüssigen Zucker aufnehmen und in die Brausepulver-Minze-Mischung tauchen.

VORSICHT HEISS, ABER ABSOLUT KÖSTLICH! DIESES REZEPT EIGNET SICH HERVORRAGEND, WENN MAN MIT MEHREREN PERSONEN UM DIE FEUERPLATTE STEHT.

ZUTATEN FÜR 6 PORTIONEN

1 Bund frische Minze
4 Brausepulvertüten mit Waldmeistergeschmack
500 g Erdbeeren
150 g brauner Zucker
Zahnstocher

KARAMELLISIERTE ANANAS

ZUTATEN FÜR 5 PORTIONEN

1 Ananas
100 g Johannisbeeren
100 g brauner Zucker
¼ TL Zimtpulver
50 ml Gin
400 g Vanilleeis
50 g gehackte Pistazienkerne

ZUBEREITUNG

1. Die Ananas schälen und in Scheiben schneiden. Die Johannisbeeren waschen und verlesen.
2. Zucker, Zimt und Gin miteinander verrühren und die Ananasscheiben damit bestreichen.
3. Die Feuerplatte auf mittlere Hitze vorheizen und die Ananasscheiben von beiden Seiten ca. 3 Minuten karamellisieren lassen.
4. Zum Servieren die Scheiben mit etwas Vanilleeis auf einen Teller geben. Mit den Pistazien und Johannisbeeren garnieren.

PANCAKES MIT TOFFIFEE-FÜLLUNG

ZUTATEN FÜR 6 PORTIONEN

3 Eier
ca. 300 ml Vollmilch
225 g Mehl
1 ½ TL Backpulver
20 g Zucker
1 Prise Salz
Pflanzenöl

FÜR DIE FÜLLUNG

1 Packung (125g) Toffifee
100 g Heidelbeeren

→ DIE TOFFIFEE 2 STUNDEN VORHER EINFRIEREN.

ZUM GARNIEREN

6 ganze Toffifee
100 g Erdbeeren
100 g Heidelbeeren

ZUBEREITUNG

1. Die Eier trennen und das Eiweiß im Mixer steif schlagen.
2. Die Eigelbe mit der Milch schaumig schlagen.
3. Das Mehl mit dem Backpulver, Zucker und Salz vermischen und unter die Milchmischung rühren.
4. Den Eischnee vorsichtig unterheben. Den Teig beiseitestellen.
5. Für die Füllung die Toffifees im Mixer zu Pulver zerkleinern.
6. Einen ca. 8 cm großen Klecks Teig auf die eingeölte Feuerplatte und darauf 1 gehäuften Teelöffel Toffifeepulver geben. Anschließend wieder einen Klecks Teig draufgeben, sodass das Pulver umschlossen ist. Jetzt bei Bedarf schon ein paar Heidelbeeren hinzufügen.
7. Sobald sich auf der Oberseite kleine Bläschen bilden, die Pancakes wenden und auf der anderen Seite fertig backen.
8. Die Pancakes zum Servieren mit den Erdbeeren, den Heidelbeeren und einem Toffifee garnieren.

KAISERSCHMARREN MIT BRATÄPFELN

ZUTATEN FÜR 4 PORTIONEN

4 Eier
1 Prise Salz
20 g Vanillezucker
140 g Mehl
180 ml Milch
Puderzucker und Zimtpulver zum Garnieren

FÜR DIE BRATÄPFEL

4 Äpfel (z. B. Boskop)
1 EL brauner Zucker
Saft von 1 Zitrone
2 EL Rosinen
40 ml brauner Rum

ZUBEREITUNG

1. Die Eier trennen und das Eiweiß zusammen mit dem Salz steif schlagen.
2. Die Eigelbe mit dem Vanillezucker schaumig schlagen. Die Milch und das Mehl unterrühren, bis ein streichfähiger, nicht zu flüssiger Teig entsteht. Anschließend das Eiweiß unterheben und den Teig beiseitestellen.
3. Die Äpfel schälen, würfeln, mit dem braunen Zucker bestreuen und mit etwas Zitronensaft beträufeln.
4. Die Feuerplatte auf mittlere Hitze vorheizen und den Teig dick darauf ausstreichen. Sobald er unten schön braun ist, wenden und dabei zerteilen.
5. In der Zwischenzeit die Apfelstücke auf die Feuerplatte geben und den Zucker karamellisieren lassen, dabei regelmäßig wenden. Nach 8 Minuten die Rosinen und den Rum darübergeben. Achtung, der Alkohol kann Feuer fangen! Auf den Geschmack hat das jedoch keinen Einfluss und ist zudem noch ein netter Show-Effekt.
6. Den zerteilten Kaiserschmarren mit den warmen Bratapfelwürfeln servieren und nach Belieben mit Zimt und Puderzucker garnieren.

LIMETTENJOGHURT MIT KARAMELLISIERTEN FEIGEN

ZUBEREITUNG

1. Den Joghurt mit dem Quark verrühren, den Limettensaft unterrühren und den Zucker und Vanillezucker darin auflösen.
2. Die Feigen waschen, halbieren und jeweils mit der Schnittfläche in den braunen Zucker dippen, sodass diese schön bedeckt ist.
3. Die Feuerplatte auf mittlere Hitze vorheizen und die Feigen ca. 3 Minuten darauf karamellisieren lassen.
4. Basilikumblätter waschen, den Joghurt damit garnieren und mit den Feigen servieren.

ZUTATEN FÜR 6 PORTIONEN

500 g Joghurt
250 g Quark
Saft von 2 Limetten
4 EL Zucker
1 Päckchen Bourbonvanillezucker
10 Feigen
100 g brauner Zucker
Basilikumblätter zum Garnieren

TIPPS – TRICKS

BURGERBRÖTCHEN SCHLEIFEN

SCHLEIFEN DER BURGER BUN'S

Warum sollte man Teig überhaupt schleifen? Das ergibt erst mal wenig Sinn. Damit ist aber gemeint, dass die Teiglinge durch ein paar Handgriffe eine schöne gleichmäßige Spannung auf der Oberfläche bekommen.

BURGER BUNS

Zuerst die Teiglinge abwiegen und dann mit der Hand zu einem platten Kreis formen.

Anschließend den Teig nach und nach von außen nach innen zu einer Kugel falten.

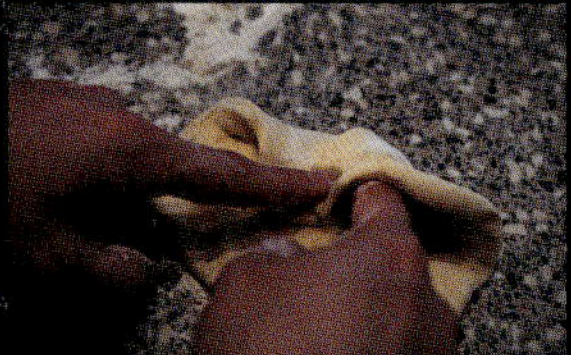

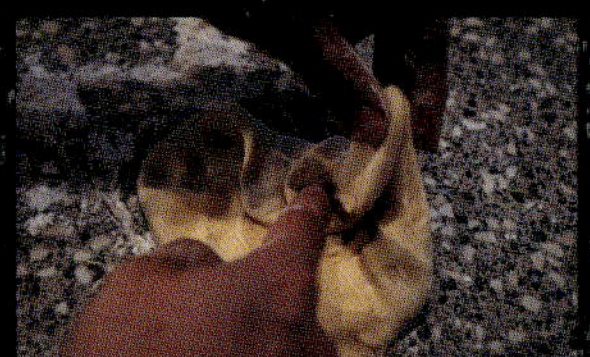

Zum Schluss die Teiglinge auf die Faltstelle legen und noch ein wenig rund wirken.

HOT DOG BUNS

Zuerst die Teiglinge abwiegen und dann mit der Hand zu einem platten Rechteck formen.

Anschließend den Teig von der langen Seite aufrollen.

Zum Schluss die Teigrolle auf die Faltstelle legen.

EXTRAREZEPT: LIMONADE VOM GRILL

ZUBEREITUNG

1. Den Zucker in einen tiefen Teller geben. Die Zitrusfrüchte waschen, halbieren, mit der Schnittfläche in den Zucker tunken. Auf die auf mittlerer Hitze vorgeheizte Feuerplatte legen und den Zucker karamellisieren lassen. Dabei aufpassen, dass er nicht schwarz wird.
2. Anschließend die Früchte auspressen und den Saft abkühlen lassen.
3. Das Wasser in ein großes Gefäß füllen und den restlichen Zucker darin auflösen. Den Zitrussaft dazugießen.
4. Die Minzestängel waschen, hinzufügen, alles gut durchrühren und nach Belieben mit dem Honig süßen. Mit Eiswürfeln auffüllen.

ZUTATEN FÜR 6 PORTIONEN

200 g Zucker
15 Zitronen
5 Limetten
2 Bund Minze
4 L kaltes Wasser
100 g Honig
Eiswürfel

WOHER BEKOMME ICH MEIN FLEISCH?

Die Fleischfrage ist ein heißes Thema und ich will hier nicht den Moralapostel spielen. Also erzähle ich euch kurz, woher ich meistens meine Zutaten beziehe.
Ich gehe gerne freitagnachmittags bei uns in Georgsmarienhütte auf den Markt. Dort sind vor allem regionale Fleischhändler vertreten. An einem Wagen gibt's Hähnchen, am anderen Rind, einen Wagen weiter gibt's Wildfleisch und Gemüse kann man auch direkt mitnehmen. Für mich ist das ein tolles Angebot, allerdings muss man für diese Art des Einkaufens auch immer im richtigen Moment Zeit haben.

Eine weitere großartige Möglichkeit sind die Fleischer hier vor Ort. Ich komme vom Dorf und da war es ganz normal, dass montagmorgens, während ich auf den Schulbus wartete, der Bauer mit seinem Anhänger eine Fuhre Schweine zum Fleischer gebracht hat. Ich gehe jetzt zwar nicht mehr zur Schule, aber der Bauer bringt immer noch seine Tiere. Kompetente Beratung und ein nettes Gespräch sind hier stets selbstverständlich.

Wenn es dann aber etwas außergewöhnlicher werden soll, nutze ich auch gerne den Online-Fleischversand. Hier wird Fleisch aus der ganzen Welt angeboten und das in Zuschnitten, von denen ich vorher noch nicht einmal etwas gewusst hatte. Das gibt einem die tolle Möglichkeit, Fleisch auch mal etwas anders zu erleben. Denn der Geschmack von einem schönen amerikanischen Steak ist schon etwas Besonderes. Das Fleisch wird dann sicher und gut gekühlt in Thermoboxen direkt an die Haustür geliefert. Ich bestelle mein Fleisch bei Kreutzers (www.kreutzers.eu) und hatte bisher nur positive Erfahrungen!

NÜTZLICHES ZUBEHÖR

Aufgrund der Bauart der Feuerplatte haben wir ausschließlich Unterhitze. Gerade bei dicken Fleischstücken oder zum Überbacken ist das aber etwas ungünstig.

Noch fix den Käse auf dem Burgerpattie zerlaufen lassen kann da schon mal zu einer Herausforderung werden.

Aber hier kann man sich ganz einfach behelfen: Im großen schwedischen Möbelhaus gibt es für kleines Geld wirklich tolle Artikel. Dort habe ich zum Beispiel einfach eine kleine Edelstahlschale und einen Möbelknauf aus Edelstahl gekauft. Dann habe ich ein Loch in die Schale gebohrt und den Knauf mit einer Schraube an die Schale geschraubt – und schon hatte ich einen praktischen Deckel für den Grill.

Alternativ kann man aber auch mit rechteckigen Edelstahlschalen aus der Küchenabteilung hervorragend einen kleinen geschlossenen Raum erzeugen. Dafür einfach die Schale verkehrt herum über das Grillgut legen und, falls Wasserdampf gewünscht ist, vorher noch eine Wasserschale mit unter die Schale stellen.

MEIN OFYR-GRILL

BEIM PRASSELNDEN FEUER DES OFYR-GRILLS GESELLIGKEIT, WÄRME UND GAUMENFREUDEN GENIESSEN.

Menschen brauchen die soziale Nähe wie die Luft zum Atmen. Die moderne, hektische Welt bietet mit WhatsApp, Facebook und Co. natürlich unterschiedliche Kommunikationstools, aber diese können die persönlichen Kontakte nicht ersetzen. Momente des Austauschs finden viel intensiver im echten Leben beim Essen und Trinken statt – und am schönsten natürlich an einem prasselnden Feuer. Fröhliches Beisammensein hat positive Auswirkungen auf Körper, Geist und Seele.

UNTER FREIEM HIMMEL

Die Grills von OFYR wurden genau für diese besonderen Momente der Verbundenheit gestaltet. Ursprünglich wollte man damit das Kochen unter freiem Himmel von einer einsamen Aktivität in eine gemeinsame verwandeln.

VIER JAHRESZEITEN

Was aber steckt eigentlich hinter dem OFYR-Konzept? „Einzigartige Schlichtheit, Multifunktionalität und ein sehr attraktives Design", sagt Firmengründer Hans Goossens. Das alles zusammen schafft eine völlig neue Art des Kochens, der Gastfreundlichkeit und der Bewirtung unter freiem Himmel. Ob köstliche Paella wie in Spanien, feine griechische Lammspießchen oder Glühwein im Winter – der multifunktionale OFYR kann überall verwendet werden und vereint die Menschen in allen vier Jahreszeiten ums Feuer.

VIELSEITIGKEIT

Selbstverständlich verwenden auch Restaurants und Hotels Kocheinheiten von OFYR, um ihre Außenräume zu nutzen und ihren Kunden exklusive Gourmet-Erlebnisse zu bieten. Was seit Jahrtausenden in allen Kulturen rund um die Welt gemacht wird, nämlich zusammen am Feuer sitzen, essen und sich Geschichten erzählen, ermöglichen die Grills von OFYR.

GRILLER, DER VON MEHR FRAUEN ALS VON MÄNNERN GEKAUFT WIRD", SO HANS GOOSSENS. „FRAUEN LIEBEN DIE SCHÖNHEIT UND ABGEGEBENE WÄRME DES OFYRS!"

OFYR®

ZUBEREITUNG

ZUTATEN

ZUTATEN

ZUBEREITUNG

ZUTATEN

ZUBEREITUNG

ZUTATEN

ZUBEREITUNG

ZUTATEN

ZUBEREITUNG

ZUTATEN

ZUBEREITUNG

ZUTATEN

ZUBEREITUNG

ZUTATEN

ZUBEREITUNG

ZUTATEN

ZUBEREITUNG

ZUTATEN

ZUBEREITUNG

BUCHEMPFEHLUNGEN FÜR DICH

ISBN 978-3-7358-5227-4

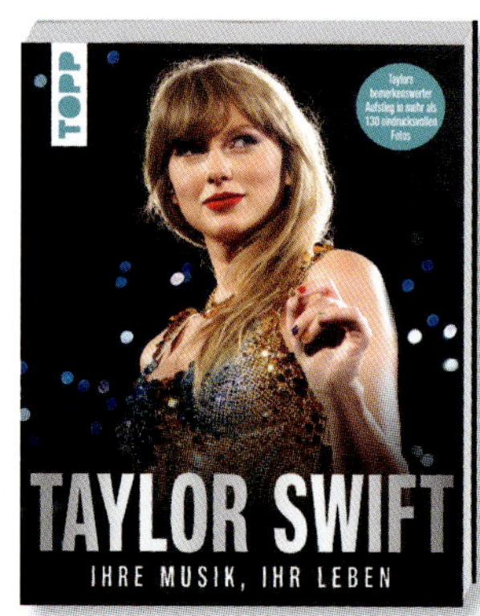

ISBN 978-3-7358-5233-5

ISBN 978-3-7358-5232-8

ISBN 978-3-7358-5188-8

ISBN 978-3-7358-8125-0

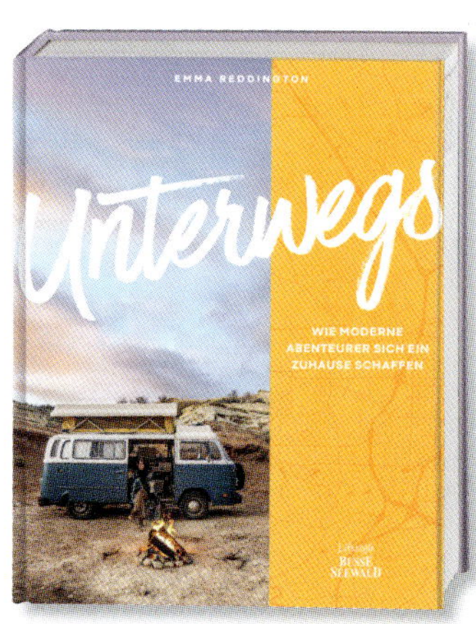

ISBN 978-3-7724-7284-8

ISBN 978-3-7724-7196-4

ISBN 978-3-7724-4549-1

ISBN 978-3-7724-4644-3

ISBN 978-3-7724-4501-9

ISBN 978-3-7724-7590-0

ISBN 978-3-7358-5080-5

Viele weitere Bücher findest du auf www.TOPP-kreativ.de

#TOPPPROJEKT

Die eigene Kreativität zeigen: TOPPprojekt mit anderen Kreativen teilen und Teil der Gemeinschaft werden.

DIY-begeistert und auf Instagram? Dann unbedingt mitmachen! Hier gibt's Tipps und Feedback zu den eigenen Projekten. Außerdem verlosen wir jeden Monat ein Überraschungspaket. Um am Gewinnspiel teilzunehmen, einfach ein Bild vom Kreativ-Projekt aus unseren Büchern mit #TOPPprojekt posten und unserem Account @frechverlag folgen. Mehr Infos auf TOPP-kreativ.de/TOPPprojekt

Website
Auf TOPP-kreativ.de kannst du ein riesiges Angebot von über 1.000 Kreativbüchern, Sets & mehr entdecken.

Newsletter
Gleich anmelden unter: TOPP-kreativ.de/newsletter und immer als Erstes von unseren Neuheiten und Sonderaktionen erfahren.

Instagram
@frechverlag

Pinterest
pinterest.com/frechverlag

Facebook
facebook.com/frechverlag

DigiBib
Hier findest du zusätzlich zu vielen unserer Bücher digitale Extras, wie Video-Tutorials, Plotter-Dateien, Vorlagen, Übungsblätter & vieles mehr. Einfach im Impressum deines TOPP-Buchs den Freischalte-Code nachschlagen und exklusive Inhalte freischalten. TOPP-kreativ.de/digibib

Youtube
youtube.com/frechverlag

Wer wir sind, wie wir arbeiten, was wir lieben …

Auf Instagram, Facebook und Pinterest findest du mehr über uns und unsere Arbeit und wirst immer schnell und einfach mit den neuesten Infos versorgt.

Alle News, alle Infos und alle Links findest du auf www.TOPP-kreativ.de

DANKSAGUNG

Ich möchte mich an dieser Stelle bei all denen bedanken, die mich in dieser Zeit so bedingungslos unterstützt haben.

Ein ganz besonderer Dank gilt meinen Eltern, denen ich einiges zu verdanken habe und die uneingeschränkt für mich da sind. Immer wenn ich die Küche auf den Kopf gestellt habe, habt ihr mir geholfen, auch wenn ihr vom Abspülen schon schrumpelige Hände hattet. Ohne euch und eure grenzenlose Unterstützung wäre die Umsetzung dieses Projektes in der Form nicht möglich gewesen! Vielen, vielen Dank dafür! Ihr seid die besten Eltern, die man haben kann!

Ganz besonders möchte ich noch Vanessa, Basti, Mario und Martin danken. Ihr wart mir eine riesige Hilfe. Das nächste Bier geht auf mich und Vanessa bekommt 'nen Sekt.

Auch meinen Freunden möchte ich danken, die immer artig gewartet haben, bis ich das Essen fotografiert habe. Viel Zeit hatte ich für euch in den letzten Wochen auch nicht, danke dass ihr trotzdem immer ein Bier für mich im Kühlschrank habt!

Der absolut wilden BBQ-Szene möchte ich danken. Bei euch kann man sich so unglaublich gut inspirieren lassen! Eine verrückte Idee jagt die Nächste. Ohne euch macht das grillen, fotografieren und Bier trinken nur halb so viel Spaß.

Bedanken möchte ich mich auch bei der frechverlag GmbH und ganz besonders bei Lina Kirch. Du hast dir immer Zeit genommen, mich unterstützt und mich damit enorm motiviert! Du warst mir eine sehr große Hilfe, vielen lieben Dank!

Außerdem möchte ich Frank Mielke von Jordan Olivenöl, Thomas Stoffels von Churchill 1795, Kristian van Bergerem von Ofyr und Manuel Ostner von Kreutzers für die unkomplizierte Zusammenarbeit danken.

Vielen Dank!

SCHLUSSWORT

Jetzt bin ich also erstmal fertig. Mein erstes eigenes Buch ist abgetippt, vergrillt und fotografiert worden. Viele stressige, aber auch schöne Tage hat dieses Buch mir gebracht. Immer wieder hatte ich fleißige Helfer zum Vorbereiten und Essen bei mir zu Besuch.

Dass dieses einfache „Ich-knips-mal-mein-Essen-mit-dem-Handy" zu so etwas führt, hätte ich mir vor einigen Jahren, als ich damit angefangen habe, nie vorstellen können.

Ich hoffe, du hattest beim Durchblättern und Nachgrillen genauso viel Spaß wie ich beim Erstellen der Seiten.
Falls du noch Fragen an mich persönlich hast oder mir bei meinem verrückten Grillalltag über die Schulter schauen möchtest, dann würde ich mir sehr freuen, wenn du auf meinem Instagram-Profil vorbeischaust.
www.instagram.de/dergrilltyp

Ich verabschiede mich mit einem Making-off-Schnappschuss für das Buchcover.

Lasst euch nicht ärgern und viel Spaß beim Grillen!

Liebe Grüße,
Jannik Vinke

IMPRESSUM

Text und Bild: Jannik Vinke
website: www.dergrilltyp.de
instagram: www.instagram.com/dergrilltyp
facebook: de-de.facebook.com/DerGrilltyp
tiktok: www.tiktok.com/@dergrilltyp
Layout und Satz: Die Buchmacher – Atelier für Buchgestaltung
Covergestaltung: Eva Grimme
Lektorat: Katrin Korch, Lina Kirch
Produktmanagement: Lina Kirch, Sandra Aichele
Herstellung: Heike Köhl
Druck und Bindung: BALTO print, Litauen

5. Auflage 2024

ISBN: 978-3-7724-8068-3 • Best.-Nr. 8068